Gerd Dörfler

Mobbing am Arbeitsplatz

Rechtliche Handlungsmöglichkeiten

Bachelor + Master
Publishing

Dörfler, Gerd: Mobbing am Arbeitsplatz: Rechtliche Handlungsmöglichkeiten, Hamburg, Bachelor + Master Publishing 2013
Originaltitel der Abschlussarbeit: Mobbing als arbeitsrechtliches Problem

Buch-ISBN: 978-3-95549-144-4
PDF-eBook-ISBN: 978-3-95549-644-9
Druck/Herstellung: Bachelor + Master Publishing, Hamburg, 2013
Zugl. Fachhochschule Hof, Hof, Deutschland, Bachelorarbeit, September 2012

Bibliografische Information der Deutschen Nationalbibliothek:
Die Deutsche Nationalbibliothek verzeichnet diese Publikation in der Deutschen Nationalbibliografie; detaillierte bibliografische Daten sind im Internet über http://dnb.d-nb.de abrufbar.

© Bachelor + Master Publishing, Imprint der Diplomica Verlag GmbH
Hermannstal 119k, 22119 Hamburg
http://www.diplomica-verlag.de, Hamburg 2013
Printed in Germany

Inhaltsverzeichnis

Anlagenverzeichnis

Abkürzungsverzeichnis

Anlagenverzeichnis

Abkürzungsverzeichnis

Abs.	Absatz
AGG	Allgemeines Gleichbehandlungsgesetz
AP	Arbeitsrechtliche Praxis (Entscheidungssammlung)
ArbG	Arbeitsgericht
BAG	Bundesarbeitsgericht
BeckRS	Beck-Rechtsprechung (Entscheidungssammlung)
BetrVG	Betriebsverfassungsgesetz
BGB	Bürgerliches Gesetzbuch
BSG	Bundessozialgericht
bzw.	beziehungsweise
DB	Der Betrieb (Zeitschrift)
DGB	Deutscher Gewerkschaftsbund
d.h.	das heißt
ErfK	Erfurter Kommentar zum Arbeitsrecht
GmbH	Gesellschaft mit beschränkter Haftung
KSchG	Kündigungsschutzgesetz
ktpBKK	Krupp Thyssen Partner Betriebskrankenkasse
LAG	Landesarbeitsgericht
MueHdbArbR	Münchener Handbuch zum Arbeitsrecht
NJW	Neue Juristische Wochenschrift (Zeitschrift)
Nr.	Nummer
NZA	Neue Zeitschrift für Arbeitsrecht
NZA-RR	Neue Zeitschrift für Arbeitsrecht Rechtsprechungs-Report
o.g.	oben genannt(e)
OLG	Oberlandesgericht
o.V.	ohne Verfasser
Rn.	Randnummer
S.	Seite
SGB VII	Sozialgesetzbuch VII
s.o.	siehe oben
StGB	Strafgesetzbuch
vgl.	vergleiche
ZFSH SGB	Zeitschrift für Sozialhilfe und Sozialgesetzbuch

1. Einführung

Zwischenmenschliche Konflikte und daraus resultierende Handlungen gegenüber anderen Personen existieren wohl bereits schon so lange, wie es eben die Menschheit an sich gibt. Dies ist folglich ebenso gültig für den Bereich des Arbeitslebens, in dem Menschen unterschiedlichster Charaktere und Persönlichkeiten zusammenarbeiten (müssen).

Seit nunmehr geraumer Zeit hört man jedoch in diesem Zusammenhang immer wieder den Begriff des Mobbings. Dieses Phänomen, so scheint es zumindest, ist heutzutage allgegenwärtig vertreten. Insbesondere im Arbeitsleben wird dieser Terminus vorrangig zur Beschreibung persönlichen Konfliktverhaltens benutzt. Zum Thema Mobbing an sich gibt es nun mittlerweile unzählige Abhandlungen, die das Problem von sozialwissenschaftlichen Gesichtspunkten aus betrachten und dementsprechend auch Lösungen in diesem Bereich ergründen.

Um jene soll es im Rahmen dieser Arbeit jedoch nicht gehen. Vielmehr ist es das Ziel dieser Arbeit, Mobbing in Bezug auf dessen juristische Problematik und dessen Folgen für den arbeitsrechtlichen Bereich zu erörtern. Besonderes Augenmerk soll dabei zunächst auf die schadensersatzrechtliche Dimension gelegt werden, welche, wie später aufgezeigt wird, in den unterschiedlichsten Konstellationen am Arbeitsplatz vorliegen kann. In diesem Zusammenhang sind selbstverständlich auch die arbeitsrechtlichen Handlungsmöglichkeiten und Einschränkungen innerhalb des Betriebs zu betrachten. Ebenso sind weitere aktuelle Entwicklungen und Herangehensweisen zur Bewältigung der Mobbingproblematik zu untersuchen.

Ausgehend von den nicht immer einheitlichen Sichtweisen und Beurteilungen der Rechtsprechung zum vorliegenden Thema, wird anschließend aufgezeigt, wie auf Grund der aktuellen Rechtslage mit dem Phänomen Mobbing am Arbeitsplatz umgegangen werden könnte, um die fehlende Rechtssicherheit zumindest im Ansatz zu beseitigen.

Dass das Thema einer rechtlichen Würdigung bedarf, sieht man schon daran, dass im Rahmen einer Umfrage der TNS Emnid im Jahr 2006 bereits 15% der Berufstätigen angaben, selbst Mobbing am Arbeitsplatz erlebt zu haben.[1] Diese Zahl mag auf den ersten Blick nicht dramatisch hoch erscheinen, sieht man diese jedoch in Relation zu den momentan durchschnittlich 41 Millionen Erwerbstätigen in Deutschland[2] und geht man davon aus, dass Mobbing in den letzten Jahren eher noch an Bedeutung zugenommen hat, so betrifft das Problem in absoluten Zahlen gerechnet knapp über sechs Millionen Arbeitnehmer.

1 KtpBKK Essen, 2006.
2 Statistisches Bundesamt, 2012.

2. Begriffsbestimmung Mobbing und Abgrenzung

Fraglich ist aber nun an dieser Stelle, was denn Mobbing eigentlich konkret bezeichnen soll. In der Literatur findet man zum aktuellen Zeitpunkt unzählige Versuche, das Problem zu definieren. Dennoch finden sich mitunter in einigen Punkten in der Rechtsprechung Abweichungen hiervon. Die wohl bekannteste und auch anerkannteste Definition der Literatur stammt hierbei von Heinz Leymann. Neben einer allgemeinen, entwickelte er auch folgende, speziell auf das Arbeitsleben ausgerichtete Definition:[3]

> *„Unter Mobbing wird eine konfliktbelastete Kommunikation am Arbeitsplatz unter Kollegen oder zwischen Vorgesetzten und Untergebenen verstanden, bei der die angegriffene Person unterlegen ist und von einer oder einigen Personen systematisch, oft und während längerer Zeit mit dem Ziel und/oder dem Effekt des Ausstoßens aus dem Arbeitsverhältnis direkt oder indirekt angegriffen wird und dies als Diskriminierung empfindet.“*

Weitere Versuche der Definition in der herrschenden Literaturmeinung mögen zwar geringfügig von der obigen abweichen, haben jedoch insgesamt gemein, dass Mobbing dann vorliegt, wenn es sich um regelmäßige, systematische Angriffe gegen eine Person richtet, mit dem Ziel, dieser das Gefühl von bewusster Ausgrenzung zu vermitteln, wobei strittig ist, ob es dafür rechtswidriger Handlungen bedarf.[4]

Die Rechtsprechung befasst sich ebenso seit Jahren mit dem Phänomen, wobei der Ausdruck Mobbing erstmals 1997 vom Bundesarbeitsgericht verwendet wurde und nach Ansicht dessen, "das systematische Schikanieren oder Diskriminieren von Arbeitnehmern untereinander oder durch Vorgesetzte [ist], wobei Mobbing durch Stresssituationen am Arbeitsplatz, deren Ursachen u.a. in einer Über- oder Unterforderung einzelner Arbeitnehmer oder Arbeitnehmergruppen liegen können, begünstigt wird."[5] Gewisse Parallelen zur herrschenden Meinung in der Literatur sind hierbei ersichtlich.

---

3 Leymann, Einführung: Mobbing, S. 18.
4 Kollmer, Mobbing im Arbeitsverhältnis, Rn. 11.
5 BAG 15.01.1997, DB 1997, 1475.

Dennoch soll nicht vorenthalten werden, dass einzelne Gerichte sowohl von der Literaturmeinung, als auch zum Teil von der Auffassung des BAG-Urteils von 1997 abweichen.[6] Erwähnenswert ist in diesem Zusammenhang auch die Tatsache, dass es in der Rechtsprechung sowohl eine Mindermeinung gibt, die den Begriff Mobbing als Rechtsfigur schlichtweg ablehnt, etwa das LAG Sachsen. Jenes führte 2005 diesbezüglich aus, dass kein Anspruch auf etwaige Geldentschädigung auf Grund einer sogenannten mobbingbedingten Verletzung des allgemeinen Persönlichkeitsrechts bestünde, wenn andere Rechtsschutzmöglichkeiten zur Debatte stehen.[7]

Hier zeigt sich schon beispielhaft die eigentliche Problematik des Themas Mobbing im (arbeits-)rechtlichen Bereich: Hinsichtlich der Begriffsbestimmung und der Merkmale zur Klassifizierung des Phänomens herrscht zwar zumindest weitgehend Übereinstimmung, über den Umgang damit als Rechtsbegriff jedoch hingegen kaum.

Was sich aber zusammenfassend hinsichtlich der deutschen Rechtsprechung, welche den Begriff als juristisch relevant akzeptiert, sagen lässt, ist, dass es sich nach Auffassung derer im Wesentlichen bei Mobbing um einen in der Gesamtschau betrachteten Fortsetzungs-zusammenhang einzelner Tatbeiträge handeln muss, die in der Regel einen schwerwiegenden Eingriff in das Persönlichkeitsrecht des Betroffenen bilden müssen, wobei das Vorliegen von Mobbing dennoch immer von den Umständen des Einzelfalls abhängt.[8]

Zu beachten ist in diesem Zusammenhang allerdings auch, dass es einer gewissen Abgrenzung bedarf, welche das Vorliegen von Mobbing von vornherein ausschließt. Anders formuliert: Nicht jede Handlung anderer Personen, die der betroffene Arbeitnehmer subjektiv als einen Eingriff in sein Persönlichkeitsrecht empfindet, darf unter dem Begriff Mobbing subsumiert werden. Insbesondere dann nicht, wenn es sich um eine rechtlich zulässige Anweisung des Arbeitgebers handelt, die der Arbeitnehmer etwa lediglich als schikanierend empfindet.[9]

---

6 Kollmer, Mobbing im Arbeitsverhältnis, Rn. 13.
7 Kollmer, Mobbing im Arbeitsverhältnis, Rn. 13a.
8 Kollmer, Mobbing im Arbeitsverhältnis, Rn. 23a.
9 Waterkortte, Mobbing im Arbeits- und Beamtenrecht, S. 4.

Zu dieser Thematik äußerte sich auch das OLG München in einem ähnlichen Fall, worin es bescheinigte, dass "nicht schon jede wiederholte, den Einzelnen treffende auch herbe Kritik seiner Person oder seiner Leistung oder der Verzicht auf anständigen, rücksichtsvollen Umgang mit Schwächen das Persönlichkeitsrecht verletzt."[10]

In eine vergleichbare Richtung geht ein aktuelles Urteil des Arbeitsgerichtes Solingen, welches sich mit einem Vorwurf von Mobbing auseinander zu setzen hatte.[11] Die Klägerin sah sich hier in ihrem Persönlichkeitsrecht verletzt, da sie trotz vertraglich vereinbarter flexibler Arbeitszeit ihrem Vorgesetzten Rechenschaft ablegen sollte, weshalb sie an einem bestimmten Tag eher nach Hause gegangen war. Dies wertete sie als Ursprung für weitere, ihrer Ansicht nach gegenüber ihr begangene Mobbingattacken. Etwa musste sie im weiteren Verlauf des Falles auch Aussagen wie "Sie machen null" über sich ergehen lassen. Das Arbeitsgericht Solingen hielt die Klage jedoch für unbegründet, da es der Ansicht war, dass obige Äußerungen keine hinreichenden Gründe für eine Verletzung der Persönlichkeitsrechte darstellen. Vielmehr liegt hier nach Auffassung des Gerichts lediglich eine nach Ansicht der Klägerin unberechtigt empfundene Kritik vor.

Interessant ist hier ferner, dass das Gericht auch deutlich darauf hinweist, dass Mobbing kein Rechtsbegriff ist und somit auch keine Anspruchsgrundlage darstellt. Dies urteilte bereits 10 Jahre vorher schon das LAG Berlin[12] und diese Ansicht wird auch von der herrschenden Meinung in der Literatur gedeckt.[13]

Vorangegangene Ausführungen lassen auch erahnen, in welchem Bereich Mobbingvorwürfe in aller Regel angesiedelt sind. Nämlich dort, wo die Abgrenzung zur juristischen Relevanz im Einzelfall relativ schwierig ist: im Bereich der Persönlichkeitsrechte. Man kann hier aber auch so weit gehen und die Meinung vertreten, dass generell kein Mobbing vorliegen kann, wenn das Persönlichkeitsrecht eben nicht beeinträchtigt wird.[14]

---

10 OLG München 04.05.2012 – 1 U 1227/12; BeckRS 2012, 14561.
11 ArbG Solingen 03.02.2012 – 3 Ca 1050/10; BeckRS 2012, 67889.
12 LAG Berlin 01.11.2002 – 19 Sa 940/02, NZA-RR 2003, 232.
13 Benecke, Mobbing, Arbeits- und Haftungsrecht, Rn.67.
14 Benecke, Mobbing, Arbeits- und Haftungsrecht, Rn. 107.

Es zeigt sich einmal mehr, dass es in der Praxis schwierig zu beurteilen ist, wo die jeweiligen Abgrenzungen zur juristischen Relevanz zu ziehen sind. Belegt wird dies auch etwa durch eine Umfrage des IFAK-Instituts von 2008, wonach über 60% von Mobbingbetroffenen angaben, dass ihnen am Arbeitsplatz Informationen vorenthalten wurden oder sie vor anderen Personen schlechtgemacht wurden.[15]

Hier lässt sich abermals erkennen, dass derlei Verhaltensweisen zwar für den Betroffenen subjektiv eine Persönlichkeitsrechtsverletzung darstellen mögen, juristisch aber schwer greifbar sein werden.[16]

Dennoch existieren mitunter zahlreiche Möglichkeiten, wie man dem Phänomen Mobbing am Arbeitsplatz in der Praxis Herr werden kann. Bezüglich der Rechtsanwendung ist aber darauf hinzuweisen, dass im jeweiligen Einzelfall in der Praxis auch unterschiedliche Herangehensweisen von Nöten sein können, da es, wie bereits angemerkt, eben keine eigene Anspruchsgrundlage für Mobbing gibt, sondern diese aus anderen Vorschriften und Normen des privaten Rechts abgeleitet werden müssen.[17]

---

15 IFAK – Markt- und Sozialforschung GmbH, 2008.
16 Siehe dazu auch Mobbinghandlungen nach Leymann im Anhang, Anlage 4.
17 Vgl. Benecke, Mobbing, Arbeits- und Haftungsrecht, Rn. 67-68.

3. Fragen des Schadensersatzes bei Mobbinghandlungen

Betrachtet man die Fälle, mit denen sich die Rechtsprechung in der letzten Dekade zu beschäftigen hatte, so lässt sich sagen, dass in nahezu allen die Richter über Schadensersatz- und Schmerzensgeldfragen zu entscheiden hatten.[18] Es empfiehlt sich daher, die Problematik des Mobbings zunächst von dieser Seite aus zu betrachten. Dabei ist zu unterscheiden, wer gegenüber wem entsprechende Ansprüche geltend machen möchte, da es diesbezüglich erhebliche Unterschiede hinsichtlich der rechtlichen Möglichkeiten gibt.

3.1 Ansprüche gegenüber dem mobbenden Kollegen

Die wohl häufigste Konstellation dürfte Mobbingverhalten von Arbeitnehmern gegenüber Arbeitnehmern desselben Betriebs darstellen. Wenngleich dies auch die wahrscheinlichste Variante im täglichen Arbeitsleben darstellt, so handelt es sich auch um die schwierigste in Hinblick auf die Durchsetzbarkeit der Ansprüche des Gemobbten.

Problematisch ist zunächst, dass einzelne Arbeitnehmer zwar auf Grund ihres Arbeitsvertrages in einer entsprechenden Vertragsbeziehung zu ihrem Arbeitgeber stehen, zueinander als Arbeitnehmer jedoch nicht.

Eine denkbare Schadensersatzforderung wegen einer **vertraglichen Pflichtverletzung gem. § 280 Abs. 1 BGB** ist also nicht möglich, da kein Schuldverhältnis, d.h. kein Vertrag besteht.

Allerdings soll an dieser Stelle nicht vorenthalten werden, dass es auch eine Mindermeinung gibt, welche eine vertragliche Haftung von Kollegen untereinander über § 311 Abs. 2 Nr. 3 BGB herleiten möchte.[19] Vertreten wird hier die Ansicht, dass diese Norm, welche "ähnliche geschäftliche Kontakte" als Teil eines Schuldverhältnisses mit Pflichten nach § 241 Abs. 2 BGB ansieht, auch auf das Verhältnis von Arbeitnehmern untereinander anzuwenden sei, da diese eben in solch einem geschäftlichen Verhältnis stünden. Diese Auffassung ist jedoch zurecht umstritten.

---

18 Bieszk, Sadtler , NJW 2007, S. 3382.
19 Benecke, Mobbing, Arbeits- und Haftungsrecht, Rn. 222.

Ein gewichtiges Argument dagegen dürfte sein, dass § 311 Abs. 2, 3 BGB mit seiner Einführung das frühere Gebilde der culpa in contrahendo ersetzen sollte.[20] Dieses stand aber in keinem Zusammenhang mit Pflichten aus dem Arbeitsvertrag oder gegenseitiger Haftung von Arbeitnehmern. Weiterhin widerspricht diese Meinung auch dem Sinn und Zweck der Norm. Gemäß Absatz 2 entsteht ein Schuldverhältnis immer dann, wenn Geschäftsbeziehungen freiwillig aufgenommen werden sollen und man im Rahmen der Privatautonomie frei entscheidet, mit wem diese begründet werden sollen. Im Bereich des Arbeitsplatzes ist genau dies aber nicht gegeben. Arbeitnehmer haben in aller Regel keinen Einfluss darauf, mit wem sie zusammenarbeiten und können dies schon gar nicht frei entscheiden.[21]

Dementsprechend würde die Anwendung des § 311 Abs. 2 Nr. 3 BGB auf Arbeitnehmerbeziehungen somit auch zu sehr in die Privatautonomie eingreifen, was im Widerspruch zum gesamten Vertragsrecht stünde. Bis zum Jahre 2005 hat die Rechtssprechung auch nachweislich nicht dazu Stellung bezogen, bzw. in keinem Urteil eine derartige vertragliche Beziehung zu Grunde gelegt.[22] Ebenso konnte in der Zeit danach bis zum Verfassen dieser Arbeit keine derartige Rechtsanwendung ausfindig gemacht werden. Es scheint also unwahrscheinlich, dass in der rechtlichen Praxis Ansprüche auf vertraglicher Basis bzw. somit aus Pflichtverletzung geltend gemacht werden können.

Unproblematischer hingegen scheinen etwaige **Ansprüche aus deliktischer Haftung** zu sein, braucht es hierfür schließlich gerade keine vertraglichen Beziehungen.
Hier ist vor allem an die Haftung aus unerlaubter Handlung gemäß § 823 Abs.1 BGB zu denken. Ferner aber auch etwa an § 823 Abs. 2 BGB in Verbindung mit einem Schutzgesetz. Ein solches könnte etwa im Bereich des StGB in Betracht kommen. Etwa auf Grund vom Beleidigung oder etwa Nötigung. Liegt ein derartiger Sachverhalt vor, so sollte auch die Geltendmachung im privatrechtlichen Bereich relativ unproblematisch sein.[23] Das Hauptaugenmerk in Bezug auf Mobbing muss daher im Bereich des Absatzes 1 liegen.

---

20 MünchKomm/Emmerich Bd. 2a § 311 Rn. 51-54.
21 Vgl. Benecke, Mobbing, Arbeits- und Haftungsrecht, Rn. 224.
22 Benecke, Mobbing, Arbeits- und Haftungsrecht, Rn. 223.
23 Bieszk, Sadtler , NJW 2007, S. 3382 (3383).

Damit jedoch ein entsprechender Anspruch bestehen kann, muss eine rechtswidrige und schuldhafte Verletzung eines der dort aufgezählten Rechtsgüter vorliegen.[24] Weniger problembehaftet sind in diesem Zusammenhang etwa die Körper- oder Gesundheitsverletzung. Dafür umso mehr der Bereich des "sonstigen Rechts". Anerkannt ist jedoch mittlerweile, dass das allgemeine Persönlichkeitsrecht als sonstiges Recht im Sinne des § 823 Abs. 1 BGB zu sehen ist.[25] Theoretisch ist ein Anspruch also verhältnismäßig leicht durchsetzbar, insofern die Schwelle von Bagatellverstößen überschritten ist.[26]

Die eigentlichen Probleme liegen jedoch woanders:[27]
Schwer zu beweisen wird in aller Regel zum einen die Kausalität sein. Auch wenn eine Rechtsgutsverletzung in Form einer Gesundheitsverletzung per se vorliegt, dürfte sich das zuständige Gericht sehr schwer tun, diese Verletzung auch einer bestimmten Person zuzuschreiben. Auch wenn etwa der Mobbingtäter seine Taten eingesteht, besteht regelmäßig auch immer noch das Problem zu beweisen, ob die nach § 823 Abs. 1 BGB begangene Rechtsgutsverletzung auch den eingetretenen Schaden verursacht hat. Konkret: Es kann nicht ausgeschlossen werden, dass das Mobbingopfer seine etwaigen nachweisbaren gesundheitlichen Schäden allein durch bestimmte Mobbinghandlungen im betrieblichen Umfeld erleiden musste, oder ob vielleicht auch, bzw. nur Konfllikte im privaten Umfeld der Grund waren.

Zum anderen besteht die Problematik des Fortsetzungs-zusammenhangs. Wie eingangs erläutert, bedarf es für Mobbing stets einer Systematik. Um überhaupt einen Anspruch theoretisch geltend machen zu können, muss es sich bei Mobbing um einen Prozess handeln.[28] Zwar mag dieser in aller Regel vorliegen, zu beweisen dürfte er wiederum schwer sein, da nach den Regeln des allgemeinen Schuldrechts stets derjenige die Beweislast trägt, der einen Anspruch geltend machen möchte. Dass davon auch in Mobbingfällen nicht abzuweichen ist, stellte das BAG 2007 nochmals klar.[29]

---

24 Benecke, Mobbing, Arbeits- und Haftungsrecht, Rn. 207.
25 MünchKomm/Wagner Bd. 5 § 823 Rn. 172.
26 Vgl. Kollmer, Mobbing im Arbeitsverhältnis, Rn. 148.
27 Vgl. Kollmer, Mobbing im Arbeitsverhältnis, Rn 149.
28 Siehe oben unter Nummer 2.
29 BAG, 16. 5. 2007 - 8 AZR 709/06, NZA 2007, S. 1154 (1155).

Eine weitere wichtige Besonderheit hinsichtlich des Persönlichkeitsrechts soll noch angesprochen werden: Ist die Rechtswidrigkeit bei den explizit genannten Schutzgütern in § 823 Abs. 1 BGB indiziert, so ist sie dies hingegen im Bereich der Persönlicheitsrechtsverletzung nicht. Daraus folgt nun, dass sie erst durch Abwägung der Interessen der beiden Parteien festzustellen ist.[30] Liegt im Einzelfall also eine übermäßige Kritik durch einen Kollegen vor, so ist damit noch lange nicht Rechtswidrigkeit indiziert. Entscheiden muss dies dann schließlich erst das jeweils angerufene Gericht.

Die Ausführungen zeigen, dass es in der Theorie durchaus möglich ist, entsprechende Schadensersatzforderungen gegenüber mobbenden Kollegen zu erhalten. Dennoch ist nicht von der Hand zu weisen, dass es letztendlich auch auf den jeweiligen Richter bzw. das Gericht ankommen wird, ob und inwieweit eine realistische Chance besteht. Und natürlich nicht zuletzt von der Beweisfähigkeit des Anspruchstellers. Sollte jedoch ein Anspruch durchsetzbar sein, so besteht auch die Möglichkeit, über § 253 Abs. 2 BGB Schmerzensgeld zu fordern.

3.2 Ansprüche gegenüber dem Arbeitgeber

Denkbar ist in der Praxis auch, dass der Arbeitgeber auf Schadensersatz in Anspruch genommen werden kann, wenn es in seinem Betrieb zu Mobbinghandlungen kommt. Zu unterscheiden ist dabei, ob er selbst entsprechende Handlungen vornimmt, inwiefern er sich das Handeln anderer zurechnen lassen muss und aus welchen Vorschriften er sich eventuell sonst haftbar macht.

3.2.1 Mobbing durch den Arbeitgeber (sog. "Bossing")

Betrachtet man diese Konstellation, so ist zunächst zu erkennen, dass zwischen dem Gemobbten und dem Täter ein Vertrag in Form des Arbeitsvertrages besteht. Somit ist hier zuerst an einen Anspruch aus **vertraglicher Pflichtverletzung gem. § 280 Abs. 1 BGB** zu denken. Der Arbeitgeber müsste also eine Pflicht aus dem Schuldverhältnis verletzen. Neben der Hauptleistungspflicht gehört zu den Pflichten auch die Nebenleistungspflicht laut § 241 Abs. 1 BGB. Diese schließt die

---

30 Benecke, Mobbing, Arbeits- und Haftungsrecht, Rn. 208.

sogenannte Fürsorgepflicht des Arbeitgebers ein.[31] Liegt definitorisch Mobbing durch den Arbeitgeber persönlich vor, so ist unstrittig, dass somit auch die Fürsorgepflicht verletzt ist und ein Schadensersatzanspruch aus Vertragspflichtverletzung geltend gemacht werden kann.

Fraglich ist, inwieweit man Mobbinghandlungen in Zusammenhang mit Weisungen des Arbeitgebers bringen kann. Generell wurde bereits festgestellt, dass nicht jede Weisung des Arbeitgebers, die der Angestellte unter Umständen als Mobbing betrachtet, auch tatsächlich einen entsprechenden Anspruch auslösen kann. Man muss hier sogar feststellen, dass etwaige fehlerhafte Weisungen an und für sich noch keine Vertragsverletzung darstellen. Kritisch ist in dem Zusammenhang die Sachlage nur dann, wenn durch die Weisung nicht arbeitsvertragliche Ziele betroffen sind, sondern vielmehr bewusst die Schikanierung oder Herabsetzung des Arbeitnehmers die Folge sein soll.[32] Selbstverständlich müssen in der Praxis weiterhin auch hier Kausalität zwischen Rechtsgutverletzung und Schaden, sowie die Beweislage beachtet werden.

Zu letzterem ist jedoch eine Besonderheit zu nennen: Gemäß § 280 Abs. 1 BGB muss der Gläubiger die Pflichtverletzung beweisen. In diesem Fall ist dies der Arbeitnehmer. Allerdings wird das Vertretenmüssen vermutet (Satz 2), sodass der Schuldner, also der Arbeitgeber darlegen muss, dass er die Pflichtverletzung eben nicht zu vertreten hat.[33] Dies schafft somit nicht zuletzt eine gewisse Erleichterung für den gemobbten Arbeitnehmer, da er im arbeitsvertraglichen Verhältnis zumindest die Last der Beweisführung loswerden kann und er so eventuell auch eher dazu angehalten wird, entsprechende Ansprüche überhaupt geltend machen zu wollen. Dennoch muss man hier dagegen halten, dass die Hürde für den Arbeitgeber, sich zu entlasten, nicht besonders hoch ist, da es in aller Regel genügt, wenn er glaubhaft darlegt, dass er dafür nicht einzustehen hat. [34]

---

31 MünchKomm/Roth Bd. 2a § 241 Rn. 93 – 94.
32 Benecke, Mobbing, Arbeits – und Haftungsrecht, Rn. 143 – 144.
33 Benecke, Mobbing, Arbeits- und Haftungsrecht, Rn. 146.
34 Palandt/Heinrichs § 280 Rn. 40.

Ferner ist bei Mobbing durch den Arbeitgeber natürlich auch ebenso an eine deliktische Haftung gemäß § 823 Abs. 1 BGB zu denken. Im Wesentlichen gilt hierzu das bereits oben unter dem Aspekt des "Kollegenmobbings" erläuterte.

Dennoch gilt es hier nochmals auf die geschützten Rechtsgüter der Norm hinzuweisen. Wie bereits erläutert, umfassen diese auch sonstige Rechte. In der Literatur wurde hierzu bereits diskutiert, ob diese auch ein Recht am Arbeitsplatz umfassen, d.h. an der beruflichen Tätigkeit allgemein.[35] Somit könnten auch Schadensersatzansprüche in Betracht kommen, wenn der Arbeitgeber den Arbeitnehmer bewusst durch Mobbing daran hindert, seiner Tätigkeit nachzugehen. Demnach wären Ansprüche eventuell einfacher durchzusetzen, da dies etwa im Vergleich zu einer reinen Persönlichkeitsrechtsverletzung und dessen Schadenszusammenhang wohl leichter zu beweisen wäre. Theoretisch scheint dies zunächst sinnvoll, gibt es doch schließlich auch ein Recht am eingerichteten und ausgeübten Gewerbebetrieb gem. § 823 Abs. 1 BGB.

Dennoch muss man festellen, dass dies zurecht in den meisten Fällen abgelehnt wird.[36] Begründet wird dies in aller Regel damit, dass sich die deliktische Haftung stets auf absolute Rechte bezieht. Problematisch ist aber, dass der Arbeitsplatz eben nicht absolut geschützt ist.[37] Eine Einbeziehung eines Rechts am Arbeitsplatzes ist daher auch nicht schlüssig, da es eben hier gerade den individuellen Arbeitnehmer betrifft.

3.2.2 Mobbing durch andere Arbeitnehmer im Betrieb

Von enormer praktischer Bedeutung für den Mobbingbetroffenen dürfte auch die Frage sein, inwieweit er einen Schadensersatz gegenüber seinem Arbeitgeber geltend machen kann, wenn er zwar nicht durch ihn in seinen Rechten verletzt wurde, sondern durch Kollegen. Dies ist sicherlich schon deshalb eine wichtige Fragestellung, da es in aller Regel, wie oben angesprochen, praktisch recht kompliziert ist, den Kollegen direkt in Anspruch zu nehmen.

---

35 Wolmerath, Mobbing im Betrieb, Rn. 142.
36 Benecke, Mobbing, Arbeits- und Haftungsrecht, Rn. 105.
37 MünchKomm/Wagner Bd. 5 § 823 Rn. 169.

Von Bedeutung sind hier zum einen die Sachverhalte, die der Arbeitgeber sich eventuell zurechnen lassen muss und zum anderen jene, welche der Arbeitgeber selbst verschuldet. Dies kann sich sowohl aus vertraglichen, als auch aus deliktischen Aspekten ergeben. [38]

Betrachtet man nun die **vertragliche Seite**, so ist zunächst das eigene Verschulden zu erläutern. Auch hier ist auf die Fürsorgepflicht des Arbeitgebers abzustellen, welche ebenfalls die Pflicht einschließt, den Arbeitnehmer vor Rechtsgutsverletzungen Dritter zu schützen.[39] Problematisch ist allerdings auch in diesem Fall das Verschulden des Arbeitgebers. Denn um die Fürsorgepflicht verletzt zu haben, müsste der Arbeitgeber Kenntnis von den Mobbinghandlungen haben.[40]
Wusste er nichts von den Aktivitäten, so wird ihm auch kein Verschulden anzulasten sein, da er schließlich nicht vertraglich verpflichtet ist, seine Mitarbeiter permanent zu überwachen.[41] Dies würde im Tagesgeschäft auch schon allein an der praktischen Umsetzung scheitern.

Interessanter ist die Fragestellung nach der Zurechenbarkeit der Handlungen seiner Arbeitnehmer, sprich seiner Erfüllungsgehilfen nach den Vorschriften des § 278 BGB. Grundsätzlich ist festzustellen, dass Persönlichkeitsrechtsverletzungen, bzw. Gesundheitsverletzungen dem Arbeitgeber zugerechnet werden können.[42] Dennoch sind hier weitere Aspekte zu beachten. Zunächst muss der mobbende Arbeitnehmer Erfüllungsgehilfe sein. Dies dürfte stets unstrittig der Fall sein. Allerdings muss er ferner auch in Erfüllung gehandelt haben.[43]

Dies wiederum bringt jedoch zwei Probleme mit sich. Zum einen kann der mobbende Arbeitnehmer nicht ein "einfacher Kollege" des Gemobbten sein sondern er muss diesem gegenüber weisungsbefugt sein, was in der Regel nur bei Vorgesetzten der Fall ist.[44] Zum anderen muss man an dieser Stelle fragen, was "in Erfüllung" konkret bedeutet. Dies setzt einen "inneren sachlichen Zusammenhang zu seinem arbeitsvertraglichen Aufgabenkreis"[45] voraus. In der Praxis dürfte auch

---

38 Poeche/Reinecke, in: Personalbuch 2012, Mobbing, Rn. 2a.
39 Benecke, Recht der Arbeit 2008, S. 357 (359).
40 BAG, 16. 5. 2007 - 8 AZR 709/06, NZA 2007, S. 1154 (1161).
41 Benecke, Recht der Arbeit 2008, S. 357 (359).
42 BAG, 25.10.2007 – 8 AZR 593/06, NZA 2008, S. 223 (227).
43 Palandt/Heinrichs § 278 Rn. 12-14.
44 Benecke, Recht der Arbeit 2008, S. 357 (360).
45 Kollmer, Mobbing im Arbeitsverhältnis, Rn. 154.

dies wiederum sehr schwer zu beweisen sein. Begeht also ein Vorgesetzter des Gemobbten als Erfüllungsgehilfe eine entsprechende Handlung, die als Mobbing zu werten ist und ist diese auch rechtswidrig und schuldhaft, so hängt die Zurechnung des Arbeitgebers dennoch immer stets von der konkreten Situation ab, in der der Vorgesetzte handelte. Diese Abgrenzung wird aber in der Rechtspraxis sehr schwierig zu beweisen sein. Verletzt etwa der Täter das Persönlichkeitsrecht des Gemobbten während der Arbeitszeit, indem er vor anderen Kollegen auf schikanöse Weise seine Arbeitsleistung unzutreffend kritisiert, so wird eine Zurechnung gegeben sein. Geschieht eine solche Verletzung aber nach Arbeitsschluss etwa auf dem Betriebsparkplatz, so ist davon auszugehen, dass es an obigem Zusammenhang zum Aufgabenkreis fehlen wird. Demnach wäre hier der Arbeitgeber nicht haftbar zu machen, da ihm diese Handlung somit nicht zugerechnet werden kann. Man muss feststellen, dass die Grenzen sehr fließend sind und es wiederum auch hier keine Rechtssicherheit geben kann und wird.

Weiterhin ist die **deliktische Haftung** zu würdigen. Zunächst soll wie oben das eigene Verschulden des Arbeitgebers betrachtet werden.
Im Wesentlichen wird hier vom Begriff des Organisationsverschuldens ausgegangen. Der herrschenden Meinung, dass sich eine Haftung aus Organisationsverschulden gem. § 823 Abs. 1 BGB als Form der Verletzung der Verkehrssicherungspflicht ergeben soll[46], ist zunächst zu folgen. Es erscheint sinnvoll, dass der Betrieb vom Arbeitgeber so zu organisieren ist, dass keine Person, also hier der Arbeitnehmer, zu Schaden kommen kann. Allerdings ist hier eine Abgrenzung zu ziehen, da es dem Arbeitgeber faktisch unmöglich sein sollte, das Arbeitsklima permanent im Auge zu behalten.
Benecke ist hier der Auffassung, dass eine Haftung des Arbeitgebers aus Organisationsverschulden nur dann in Betracht kommt, wenn der Arbeitgeber auch positive Kenntnis über die Situation im Betrieb hat und von entsprechenden Mobbinghandlungen weiß, ohne etwas dagegen zu unternehmen.[47]
Wolmerath vertritt hier aber die Meinung, dass sich eine Haftung schon bereits ergeben soll, wenn sich das Betriebsklima auf Grund von

---

46 Palandt/Sprau § 831 Rn. 2.
47 Benecke, Mobbing, Arbeits- und Haftungsrecht, Rn. 239.

"Managementfehlern" verschlechtert, sodass Mobbinghandlungen begünstigt werden.[48]Dies scheint jedoch etwas zu weit hergeholt.

Wie bei der vertraglichen Haftung ist auch im Bereich der deliktischen Ansprüche an eine "Zurechnung" des Arbeitgebers der Handlungen der Arbeitnehmer zu denken. Dies verhält sich ähnlich wie beim Erfüllungsgehilfen im vertraglichen Bereich. Der gravierende Unterschied ist jedoch hierbei, dass es sich beim Verrichtungsgehilfen nach § 831 Abs. 1 BGB im juristischen Sinne um keine Zurechnung der Handlung eines anderen handelt sondern um eigenes Fehlverhalten bei der Auswahl des Arbeitnehmers.[49] Im Ergebnis ist jedoch der Effekt derselbe. Ferner muss auch hier die Handlung des Mobbers wie bei der vertraglichen Haftung im arbeitsvertraglichen Kontext geschehen. Dies führt somit auch wieder dazu, dass eine Haftung des Arbeitgebers ausgeschlossen ist, wenn kein "unmittelbarer innerer Zusammenhang zwischen der aufgetragenen Verrichtung nach ihrem Art und Zweck und der schädlichen Handlung"[50] besteht. Handelt der Mobber also nicht in Ausführung seiner betrieblichen Tätigkeit, so wird dem Arbeitgeber auch kein Verschulden anzulasten sein. Problematisch ist aber weiterhin, dass in der Praxis eine Haftung des Arbeitgebers nach § 831 Abs. 1 BGB meist ohnehin ausscheiden wird. Nach § 831 Abs. 1 Satz 2 BGB kann der Arbeitgeber sich stets exkulpieren. Das bedeutet, dass der Arbeitgeber von seiner Haftung frei wird, wenn er darlegen kann, dass er bei Auswahl und Überwachung des mobbenden Arbeitnehmers die erforderliche Sorgfalt beachtet hat, was auch in aller Regel der Fall sein wird.[51]

Somit bleibt im Ergebnis festzuhalten, dass eine Inanspruchnahme des Arbeitgebers praktisch nur auf Grund der Zurechnung nach § 278 Abs. 1 BGB im vertraglichen Verhältnis eine reelle Chance haben dürfte. Dennoch gilt es natürlich aber auch hier wieder, die Umstände des Einzelfalles zu beachten.

---

48 Wolmerath, Mobbing im Betrieb, Rn. 183.
49 Palandt/Sprau § 831 Rn. 1.
50 Benecke, Mobbing, Arbeits- und Haftungsrecht, Rn. 234.
51 Palandt/Sprau § 831 Rn. 14.

3.2.3 Anspruch aus arbeitsschutzrechtlichen Gesichtspunkten

Es ist denkbar, dass auch Schadensersatz in Zusammenhang mit den zivilrechtlichen Arbeitsschutzvorschriften nach § 618 BGB gegeben sein könnte. Etwa wenn der Arbeitgeber den Arbeitnehmer aus Mobbinggründen bewusst und gezielt zu Arbeiten drängt, die den Sicherheitsmaßnahmen in Absatz 1 zuwider laufen. Hier würde dem Gemobbten zugute kommen, dass sich der Arbeitgeber hinsichtlich der Kausalität und des Verschuldens im Rahmen der Beweisführung entlasten müsste.[52]

Allerdings vertritt ein Teil der Literatur die Meinung, dass Mobbinghandlungen auch hinsichtlich Persönlichkeitsrechtsverletzungen generell unter die Norm des § 618 BGB zu subsumieren sind.[53] Dies erscheint aber schon deshalb fraglich, weil das Persönlichkeitsrecht als sonstiges Recht, wie oben erläutert, nicht absolut geschützt ist sondern immer erst durch eine individuelle Interessensabwägung hinsichtlich der Rechtswidrigkeit zu überprüfen ist. Somit kann eine grundlegende Anwendung des § 618 BGB hier nicht sinnvoll sein.

3.3 Ansprüche des Arbeitgebers gegenüber dem Mobbingtäter

In der Regel wird der Arbeitgeber ein berechtigtes Interesse daran haben, ihm durch Mobbing entstandene Schäden gegenüber dem Mobber geltend zu machen. Hier ist inbesondere an solche Schäden zu denken, die ihm entstehen, wenn ein Arbeitnehmer durch Mobbing im Betrieb ausfällt. Ferner aber auch an immatierelle Schäden, wie etwa Imageverlust in der Öffentlichkeit,[54]oder nicht zuletzt an die Fälle, in denen er im Rahmen des § 278 BGB für seinen Erfüllungsgehilfen haften muss.

Mögliche Anspruchsgrundlage ist hier auch in erster Linie § 280 Abs. 1 BGB, da eine gesetzliche Sonderregelung nicht besteht.[55]
Da es sich um einen vertraglichen Anspruch handelt, ist wichtigste Voraussetzung für die Haftung, dass eine Pflichtverletzung vorliegt. Eine

---

52 ErfK/Wank § 618 BGB Rn. 42.
53 Kollmer, Mobbing im Arbeitsverhältnis, Rn. 163c.
54 Vgl. Waterkortte, Mobbing im Arbeits- und Beamtenrecht, S. 26.
55 Benecke, Mobbing, Arbeits- und Haftungsrecht, Rn. 269.

solche ergibt sich in dieser Konstellation normalerweise durch die Verletzung der sogenannten Treuepflicht gegenüber dem Arbeitgeber. Diese beinhaltet auch, Schaden vom Arbeitgeber abzuwehren.[56]

Mobbt also ein Arbeitnehmer einen anderen Arbeitnehmer und führt dies zu einem Verlust der Arbeitskraft, liegt in der Regel ein Schaden vor. Etwa dann, wenn der Arbeitgeber Entgeltfortzahlung für das ausfallende Mobbingopfer leisten muss. Da Fragen der Kausalität bei aktivem Tun kaum zu problematisieren sind, kann davon ausgegangen werden, dass ein entsprechender Anspruch sodann auch besteht.

Problematisch ist jedoch an dieser Stelle für die Praxis auch hier wieder die letzte Hürde: das Vertretenmüssen nach § 280 Abs. 1 Satz 2 BGB. Im Rahmen der Sonderregelung für Arbeitsverhältnisse nach § 619a BGB liegt es am Arbeitgeber, dem Arbeitnehmer zu beweisen, dass dieser den Schaden verursacht hat, was praktisch sehr schwer nachzuweisen sein wird.

Davon abgesehen müsste nach § 276 BGB für das Vertretenmüssen entweder Vorsatz oder Fahrlässigkeit des Schuldners, also Arbeitnehmers, vorliegen. Es ist auch hier wieder auf die Bewertung des Einzelfalles abzustellen, ob der Mobber wusste, bzw. wissen hätte müssen, dass er mit seiner Handlung auch den Arbeitgeber schädigt. Dies wird er insbesondere dann nicht gewusst haben können, wenn es sich etwa um einen Fall handelt, bei dem der Arbeitgeber einen Schaden dadurch erlitt, indem er über die Zurechnung des § 278 BGB Schadensersatz an den Arbeitnehmer leisten musste.[57]

Es bleibt also festzuhalten, dass eine Inanspruchnahme des Mobbingtäters durch den Arbeitgeber auf vertraglicher Ebene grundsätzlich möglich ist, praktisch wohl aber regelmäßig kaum durchsetzbar sein wird.

Eine deliktische Haftung dürfte in aller Regel ausscheiden, da es sich bei den oben angesprochenen Fällen, in denen der Arbeitgeber den mobbenden Arbeitnehmer wegen Entgeltfortzahlung oder Zahlung von eigenem Schadensersatz über § 278 BGB in Anspruch nehmen möchte, um reine Vermögensschäden handelt. Diese sind durch § 823 BGB jedoch nicht gedeckt.

---

56 MünchKomm/Müller-Glöge Bd. 4 § 611 Rn. 1082.
57 Benecke, Mobbing, Arbeits- und Haftungsrecht, Rn. 275.

4. Arbeitsrechtliche Handlungsmöglichkeiten

Neben den Fragen des Schadensersatzes ist auch zu klären, welche sonstigen individualrechtlichen Möglichkeiten zur Verfügung stehen, um den Komplex Mobbing zu bewältigen.

Es ist sinnvoll, den Fokus zunächst auf den Gemobbten zu legen, da diesen die Problematik schließlich unmittelbar betrifft. Anschließend soll erläutert werden, was der Arbeitgeber unternehmen kann. Nicht zuletzt ist in dem Zusammenhang auch die Frage interessant, inwieweit der gemobbte Arbeitnehmer entsprechende Maßnahmen vom Arbeitgeber verlangen bzw. auf diesen direkt einwirken kann.

4.1 Möglichkeiten des Gemobbten
4.1.1 Zurückbehaltung der Arbeitsleistung

Da unstrittig ist, dass Mobbing eine enorme psychische Belastung darstellt, stellt sich die Frage, ob und inwieweit der Arbeitnehmer unter diesen Umständen seiner Arbeit nachgehen muss. D.h. ob er ein Recht hat, die Arbeit zu verweigern, solange er Mobbing im Betrieb ausgesetzt ist.

Man kann an dieser Stelle das allgemeine Zurückbehaltungsrecht gemäß § 273 Abs. 1 BGB in Erwägung ziehen, wonach der Schuldner seine Leistung verweigern kann, bis "die ihm gebührende Leistung bewirkt wird." Diese Norm ist auch in arbeitsvertraglichen Belangen anzuwenden.[58] Im Sinne der Norm müsste der Schuldner einen fälligen Anspruch gegen den Gläubiger haben. Bei Mobbinghandlungen ist dies in aller Regel unstrittig die Fürsorgepflicht des Arbeitgebers, welcher er nicht nachkommt.[59]

In der Theorie kann der Arbeitnehmer auch darauf vertrauen, dass ihm das Arbeitsentgelt weitergezahlt wird, da der Arbeitgeber bei Vorliegen der Voraussetzungen des § 273 BGB gemäß § 615 BGB in Annahmeverzug gerät.[60] Es ist aber aus praktischer Sicht darauf hinzuweisen, dass es sich bei dem Zurückbehaltungsrecht um eine Einrede handelt.[61] D.h. der Arbeitnehmer muss es auch aktiv gegenüber

---

58 ErfK/Preis § 611 BGB Rn. 851.
59 Benecke, Mobbing, Arbeits- und Haftungsrecht, Rn. 190.
60 Ebenda.
61 Palandt/Heinrichs § 273 Rn. 19.

dem Arbeitgeber geltend machen und kann nicht etwa stillschweigend die Arbeit niederlegen.

Es lässt sich zwar sagen, dass die Möglichkeit der Zurückbehaltung bei der Verletzung der Fürsorgepflicht in der Theorie zweifelsfrei besteht und der Arbeitnehmer auch davon Gebrauch machen kann. Dennoch ist zu sehen, dass dieses Vorgehen in der täglichen Praxis mitunter diverse Probleme mit sich bringen könnte. Es besteht vor allem die Gefahr, dass der Gemobbte unüberlegt und voreilig handelt, d.h. objektiv gar nicht zur Zurückbehaltung befugt war, was der Arbeitgeber mit einer ordentlichen oder gar außerordentlichen Kündigung quittieren kann.[62] Denn wie schließlich bereits angemerkt wurde, ist nicht jede Kritik oder jedes Fehlverhalten des Arbeitgebers oder der Kollegen sofort Mobbing und somit eine Verletzung der Fürsorgepflicht.

Zu beachten ist ferner auch hier die Verhältnismäßigkeit, welche sich aus dem Grundsatz von Treu und Glauben nach § 242 BGB ergibt. Hierzu führte das BAG in einem diesbezüglichen Urteil aus, dass der Arbeitnehmer, wie bereits angemerkt, zum einen dem Arbeitgeber mitteilen muss, dass er das Zurückbehaltungsrecht ausübt und zum anderen konkret und klar darstellen muss, auf Grund welcher Mobbinghandlungen er sein Recht geltend macht. Eine pauschale Mobbingbehauptung reicht hier nicht aus.[63] Nur wenn er dies detailliert und auch begründet darlegt, könne vom Zurückbehaltungsrecht Gebrauch gemacht werden. Ansonsten läge ein unentschuldigtes Fehlen vor und somit eine erhebliche kündigungsrelevante Pflichtverletzung des Arbeitnehmers.[64] Im vorliegenden Fall hatte die Beklagte der Klägerin ordentlich gekündigt, da sie nicht zur Arbeit erschien und ihrer Meinung nach auf Grund Mobbing vom Zurückbehaltungsrecht Gebrauch machen könne. Zutreffend entschied das BAG jedoch, dass die ordentliche Kündigung im Ergebnis rechtmäßig ist, da aus o.g. Gründen eine erhebliche Pflichtverletzung vorlag.
Es zeigt sich also, dass dieses Recht in der Praxis riskant ist, insbesondere dann, wenn dem Arbeitgeber die Pflichtverletzung in Form der Fürsorgepflicht nicht oder nur schwer nachgewiesen werden kann.[65]

---

62 Vgl. Wolmerath, Mobbing, Rechtshandbuch für die Praxis, Rn. 545.
63 BAG, 13.03.2008 – 2 AZR 88/07, Rn. 45 – 46.
64 BAG, 13.03.2008 – 2 AZR 88/07, Rn. 36 – 40.
65 Siehe auch dazu: Benecke, Mobbing, Arbeits- und Haftungsrecht, Rn. 192.

4.1.2 Unzumutbarkeit der Arbeitsleistung

Desweiteren ist bei Mobbing auch an Unzumutbarkeit zu denken. Somit könnte nach § 275 Abs. 3 BGB der Arbeitnehmer die Leistung verweigern, "wenn er die Leistung persönlich zu erbringen hat und sie ihm unter Abwägung des seiner Leistung entgegenstehenden Hindernisses mit dem Leistungsinteresse des Gläubigers nicht zugemutet werden kann."

Persönlich zu erbringen hat er sie in der Regel gemäß § 613 Satz BGB. Fraglich ist lediglich, ob ihm die (Arbeits-)Leistung unzumutbar ist, wenn Mobbing vorliegt. Kollmer etwa vertritt generell diese Ansicht.[66] Sicherlich ist dem im Grunde zuzustimmen, jedoch sollte auch hier auf die Umstände des Einzelfalls Rücksicht genommen werden. Es erscheint beispielsweise fraglich, ob Unzumutbarkeit an der gesamten Arbeitsleistung vorliegen kann, wenn sich die Mobbingsachverhalte lediglich auf bestimmte Personen zurückführen lassen, mit denen das vermeintliche Mobbingopfer nur partiell, etwa zwei Stunden pro Tag, zusammenarbeiten muss und dem Rest des Arbeitstages keinem Mobbing ausgesetzt ist.

Dass aber prinzipiell die Ausübung psychischen Drucks die Erbringung der Arbeitsleistung unzumutbar machen kann, stellte schon auch die Rechtsprechung fest.[67] Zutreffenderweise weist Benecke aber auch auf die Tatsache hin, dass das Leistungsverweigerungsrecht nur dann greifen kann und soll, wenn eben wie schon angemerkt die gesamten Arbeitsbedingungen betroffen sind und daraus eine erhebliche Gesundheitsgefährdung folgt. Es muss ein schwerer Fall der Verletzung des Persönlicheitsrechts vorliegen, der nicht nur einzelne Situationen betrifft.[68]

4.1.3 Eigenkündigung

Als letzte Konsequenz steht es natürlich dem Arbeitnehmer frei, das Arbeitsverhältnis niederzulegen. Sicherlich sollte dies die letzte Maßnahme sein, bewirkt sie ja im Grunde exakt das, was die Mobbinghandlung wohl zum Grunde hat. Eine ordentliche Kündigung ist

---

66 Kollmer, Mobbing im Arbeitsverhältnis, Rn. 83a – 83c.
67 BSG, 21.10.2003 – B 7 AL 92/02 R, AP SGB III § 144 Nr. 2.
68 Benecke, Mobbing, Arbeits- und Haftungsrecht, Rn. 194.

stets ohne Begründung möglich, lediglich müssen die Kündigungsfristen nach § 622 BGB Abs. 1, Abs. 6 beachtet werden.[69] Da diese mit in der Regel mindestens vier Wochen anzusetzen sind und es je nach Einzelfall womöglich für den Mobbingbetroffenen eine enorme Belastung sein mag, am Arbeitsverhältnis festzuhalten, ist auch an eine außerordentliche Kündigung des Arbeitnehmers nach § 626 Abs. 1 BGB zu denken.

Auf Grund der praktischen Bedeutung soll an dieser Stelle lediglich auf die Möglichkeit eines Schadensersatzanspruchs des Arbeitnehmers bei einer wirksamen außerordentlichen Kündigung[70] hingewiesen werden. Dieser würde dann nach § 628 Abs. 2 BGB bestehen, wenn der Arbeitgeber vertragswidrig gehandelt hat. Dies ist etwa anzunehmen bei andauernder Verletzung seiner Fürsorgepflicht oder bei permanenter Beleidigung durch den Arbeitgeber selbst. Hier ist zu beachten, dass dem Arbeitnehmer dann der Schaden zu ersetzen ist, der ihm wegen der außerordentlichen Kündigung entstand, also etwa Aufwendungen für Bewerbungskosten und Zahlung entgangener Vergütung.[71]

4.2. Handlungsmöglichkeiten des Arbeitgebers
4.2.1 Ermahnung und Abmahnung des Mobbingtäters

Wenn der Arbeitgeber von ernstzunehmendem Mobbing in seinem Betrieb erfährt, sollte er in seinem eigenen Interesse in jedem Fall sofort der Sache auf den Grund gehen und entsprechende Maßnahmen ergreifen. Die nächstgelegene Möglichkeit wäre hier wohl, den Mobbingtäter zunächst zu **ermahnen**.

Zwar ist dies die schwächste Variante der Handlungsmöglichkeiten, da sie arbeitsrechtlich im Grunde irrelevant ist und mit ihr keine weiteren Sanktionen angedroht werden.[72] Dennoch kann sie unter Umständen als erste Maßnahme sinnvoll sein:
Zum einen zeigt der Arbeitgeber hiermit, dass er Kenntnis von den

---

69 Wolmerath, Mobbing, Rechtshandbuch für die Praxis, Rn. 550.
70 Zu den Voraussetzungen an eine außerordentliche Kündigung siehe unten, da diese im Wesentlichen sowohl für arbeitgeber- als auch arbeitnehmerseitige Kündigungen gelten.
71 Wolmerath, Mobbing, Rechtshandbuch für die Praxis, Rn. 556.
72 Hromadka/Maschmann, Individualarbeitsrecht, § 6 Pflichten des Arbeitnehmers, Rn. 162.

Aktivitäten in seinem Betrieb erlangt hat und die Situation nicht hinnehmen wird. Er macht somit unmissverständlich klar, dass er kein Mobbing in seinem betrieblichen Umfeld dulden möchte. Dies kann etwa den vermeintlichen Mobbingtäter abschrecken, sodass weitere Handlungen unterbleiben. Schließlich wird der Mobber damit rechnen, dass bei weiteren Handlungen auch ernsthafte Konsequenzen folgen können. Sinn wird dieses Vorgehen dann machen, wenn sich der Arbeitgeber nicht absolut sicher sein kann, ob die entsprechenden Vorwürfe auch der Realität entsprechen.

Zum anderen setzt er sich somit nicht der Gefahr aus, eine eventuell ungerechtfertigte Abmahnung auszusprechen. Denn für eine solche gilt der Verhältnismäßigkeitsgrundsatz, wonach keine geringfügige Pflichtverletzung abgemahnt werden darf.[73]

Stellt sich ferner im Nachhinein heraus, dass die Mobbingvorwürfe nicht begründet waren, so wäre auch die Abmahnung unzulässig. Enthält sie unrichtige Tatsachenbehauptungen (hier also unwahre Mobbing-handlungen des Abgemahnten), so ist sie weiterhin auch rechtswidrig, was zur Folge hätte, dass der Arbeitnehmer als letzten Schritt mit einer Leistungsklage gerichtlich durchsetzen kann, dass die rechtswidrige Abmahnung aus seiner Personalakte entfernt wird.[74] Insbesondere bei eher vagen Anhaltspunkten für Mobbing im Betrieb sollte der Arbeitgeber also im Zweifelsfall zunächst an eine Ermahnung denken. Ratsam ist jedoch, diese zu Dokumentationszwecken schriftlich auszusprechen, da im Falle einer eventuellen späteren Schadensersatzklage des Mobbingopfers er somit beweisen kann, unverzüglich im Sinne seiner Fürsorgepflicht gehandelt zu haben.

Bestehen jedoch ernsthafte Anhaltspunkte für Mobbingverhalten im Betrieb, welche möglicherweise sogar durch Zeugen belegt sind, kann eine sofortige **Abmahnung** gegenüber dem Mobbingtäter ratsam sein. Dadurch zeigt der Arbeitgeber nicht nur, dass er die Problematik im Betrieb erkannt hat, sondern er weist zugleich darauf hin, dass es sich bei den Handlungen um einen ernsthaften Verstoß gegen die arbeitsvertraglichen Pflichten des Arbeitnehmers handelt. Im selben Atemzug signalisiert er aber auch, dass dies die letzte Gelegenheit ist,

---

73 Ebenda.
74 MueHdbArbR/Berkowsky, § 114 Verhaltensbedingte Kündigung, Rn. 154 – 156.

sich hinsichtlich seines Verhaltens zu bessern, bevor zu weiteren endgültigen Mitteln wie etwa einer Kündigung gegriffen werden soll.[75]

Um jedoch eine Abmahnung rechtssicher zu gestalten, bedarf es der Beachtung wesentlicher Formalien. Es muss exakt dargestellt werden, welches Ereignis Auslöser für die Abmahnung ist. Ferner ist es auch notwending, explizit darauf hinzuweisen, dass es sich bei dem abgemahnten Verhalten um eine Verletzung aus arbeitsvertraglicher Pflicht handelt. Zuletzt muss aus ihr auch hervorgehen, dass bei einem erneuten Verstoß die Beendigung des Arbeitsverhältnisses der nächste Schritt sein wird.[76]

Zu beachten ist dabei auch, dass ein gewisser zeitlicher Zusammenhang zwischen Abmahnung und Kenntnisnahme des pflichtwidrigen Verhaltens vorliegen muss, da sonst keine Abmahnung mehr zulässig wäre.[77] Bei "herkömmlichen Pflichtverstößen" wie etwa mehrmaligem Zuspätkommen sollte all dies kein Problem darstellen. In Fällen des Mobbing scheint sich die Abmahnung jedoch schwieriger zu gestalten. Eine simple "Abmahnung wegen Mobbing" dürfte kaum ausreichen. Vielmehr muss exakt beschrieben werden, welche Pflichtverletzung der Arbeitnehmer wann begangen hat. Da allerdings Mobbing ein systematischer Prozess mit Fortsetzungszusammenhang ist, dürfte dies praktisch schwierig sein. Eine einzelne Handlung kann somit nicht Anlass für eine Abmahnung sein. Auch wenn Mobbingverhalten systematisch auftritt, aber rechtlich nicht zu belangen ist, erscheint die Rechtfertigung für eine Abmahnung fraglich. Grüßt etwa ein Arbeitnehmer stets alle Kollegen freundlich und lässt einen bestimmten Kollegen über Wochen plakativ außen vor, so mag dies unter Umständen als Mobbing gewertet werden. Man mag auch eventuell der Ansicht sein, dass dies bei besagter Person zu einer psychischen Belastung führen kann. Dennoch bleibt festzuhalten, dass der Kollege gegen keine konkrete Pflicht verstoßen hat. Somit kann, und das obwohl Mobbing vorliegen mag, keine Abmahnung ausgesprochen werden. Sinn macht eine Abmahnung nur bei rechtlich eindeutig relevanten Geschehnissen. Etwa wenn nachgewiesen werden kann, dass durch Mobbinghandlungen ein Vorgesetzter durch Beleidigung seinen ihm unterstellten Auszubildenden vor der Belegschaft schikaniert.

---

75 Eisemann, in: Personalbuch 2012, Kündigung, verhaltensbedingte, Rn. 8.
76 Wolmerath/Esser, Werkbuch Mobbing, S. 195.
77 Wolmerath/Esser, Werkbuch Mobbing, S. 196.

4.2.2 Kündigung des mobbenden Arbeitnehmers

Insbesondere dann, wenn offensichtlich ist, dass eine besonders schwere Pflichtverletzung begangen wurde, oder wenn der Arbeitgeber für sich entscheidet, einen mobbenden Arbeitnehmer nicht länger anstellen zu wollen, so besteht als weitere Möglichkeit die Kündigung des Täters. Da jedoch nach deutschem Recht der Arbeitgeber nicht beliebig "nach Lust und Laune" kündigen kann, gilt es auch in Mobbingfällen stets die Umstände des Einzelfalls zu beachten.

In Betracht kommt zunächst die **ordentliche Kündigung** des Arbeitsverhältnisses. Während der Arbeitnehmer wie bereits angemerkt das Arbeitsverhältnis von sich aus stets ordentlich kündigen kann, so bedarf es für Kündigungen von Arbeitgeberseite aus einen entsprechenden Kündigungsgrund. Davon ausgehend, dass in aller Regel das Kündigungsschutzgesetz seine Anwendung finden wird, kann eine ordentliche Kündigung nur dann ausgesprochen werden, wenn gemäß § 1 Abs. 2 Satz 1 KSchG ein Grund in der Person oder im Verhalten des zu Kündigenden vorliegt oder wenn betriebliche Erfordernisse vorliegen. In Mobbingfällen kommen hier wohl die beiden erstgenannten Aspekte in Betracht. Schikaniert ein Arbeitnehmer einen Kollegen, so schädigt er unter Umständen mit seinem Verhalten auch den Arbeitgeber, da dieser etwa mit Minderleistungen, Arbeitsausfall oder schlechtem Betriebsklima rechnen muss. Dass es sich bei Mobbing um einen verhaltensbedingten Grund handelt, scheint offensichtlich.[78]

Diskutiert wird aber in der Literatur auch, ob Mobbing einen in der Person liegenden Kündigungsgrund darstellen kann. Beispielsweise dann, wenn einem Vorgesetzten "die mangelnde Fähigkeit zur Menschenführung" bescheinigt werden soll.[79] Zutreffend weist Benecke aber darauf hin, dass eine Subsumtion von Mobbing unter die Person des Arbeitnehmers nur selten korrekt sein kann, da die personenbedingte Kündigung lediglich die Fälle erfassen soll, in denen der Arbeitnehmer nicht in der Lage ist, eine bestimmte Leistung zu erbringen.[80] Er müsste also nicht schuldhaft gehandelt haben. Somit müsste ferner nach dieser Meinung der Arbeitnehmer auf Grund eines

---

78 Vgl. Benecke, Mobbing, Arbeits- und Haftungsrecht, Rn. 286.
79 Wolmerath, Mobbing im Betrieb, Rn. 226.
80 Benecke, Mobbing, Arbeits- und Haftungsrecht, Rn. 287.

inneren psychischen Drangs zum Mobben veranlasst worden sein, was durchaus etwas weit hergeholt scheint.

Im Ergebnis kann aber, wie auch hier Benecke richtigerweise darstellt, diese Diskussion zum Großteil dahinstehen, da in fast allen Fällen Mobbing davon unabhängig auch stets unter das Verhalten des Mobbers zu subsumieren sein wird.[81] Feszuhalten bleibt somit, dass Mobbinghandlungen in jedem Fall einen Grund für eine ordentliche Kündigung darstellen können.

Dennoch, und dies ist die eigentlich Problematik im Bereich der Kündigung, kann nicht in jedem Fall sofort eine Kündigung ausgesprochen werden. Die Beendigung des Arbeitsverhältnisses stellt stets die letzte Maßnahme dar. Nach diesem Ultima-Ratio-Prinzip kommt also eine Kündigung nur dann in Betracht, wenn sie nicht auf Grund eines milderen Mittels, welches die Störung ebenso beseitigen kann, vermeidbar ist.[82] Im konkreten Fall heißt dies, dass Mobbing zwar einen an sich geeigneten Kündigungsgrund begründet, welcher jedoch zuvor durch andere Mittel verdrängt wird. Dies wäre etwa die Versetzung des Mobbers an einen anderen Arbeitsplatz im Betrieb gemäß § 1 Abs. 2, Satz 2, Nr. 2b KSchG. Ebenso auch eine Abmahnung des Arbeitnehmers vor Ausspruch einer Kündigung. Diese ist im Normalfall stets einer Kündigung vorzuziehen, da sie, wie oben ausgeführt, das Verhalten des Arbeitnehmers für die Zukunft bessern soll und so die Störung beseitigen kann ohne gleich zum letzten Mittel zu greifen. Im Zweifelsfall ist es also sinnvoll immer eine Abmahnung vor der Beendigung des Arbeitsverhältnisses auszustellen.

Allerdings kann sie auch in besonderen Fällen entfallen: Lässt der Arbeitnehmer vermuten, dass er sich auch in Zukunft nicht bessern wird und entsprechende Mobbinghandlungen unterlässt, so kann eine Abmahnung hinfällig sein.[83] Macht also ein Arbeitnehmer gegenüber Kollegen unmissverständlich klar, er werde "Kollege XY schon noch weiter fertig machen", so ist davon auszugehen, dass das Arbeitsverhältnis auch ohne vorherige Abmahnung beendet werden kann.

---

81 Benecke, Mobbing, Arbeits- und Haftungsrecht, Rn. 288.
82 Eisemann, in: Personalbuch 2012, Kündigung, verhaltensbedingte, Rn. 13.
83 Eisemann, in: Personalbuch 2012, Kündigung, verhaltensbedingte, Rn. 9.

Auch ist im Bereich der verhaltensbedingten Kündigung stets das Prognoseprinzip anzuwenden.[84] Das heißt, es ist abzuwägen, ob die Verletzungshandlung, also das Mobbingverhalten, in Zukunft die betriebliche Situation belasten wird.

Ebenso ergibt sich bei einer verhaltensbedingten Kündigung noch ein weiterer Aspekt, der berücksichtigt werden muss: Die Interessensabwägung des Arbeitgebers und des zu kündigenden Arbeitnehmers.[85] Es ist hier zu prüfen, welches Interesse überwiegt. Zum einen das Interesse des Arbeitgebers an der Aufhebung des Arbeitsverhältnisses und zum anderen das Interesse an der Fortsetzung auf Arbeitnehmerseite. In letzteres sind etwa Umstände wie Dauer der Betriebszugehörigkeit oder persönliche Umstände des Arbeitnehmers einzubeziehen.

Praktisch zeigt sich also, dass eine Kündigung immer das letzte Mittel sein sollte, da auch an eine "nur" ordentliche Kündigung erhebliche Anforderungen zu stellen sind. Ferner empfiehlt es sich daher auch in Mobbingfällen zur Sicherheit immer vor Ausspruch einer Kündigung eine Abmahnung auszustellen um sich abzusichern.

Je nach Mobbingverhalten kann aber die Situation im Betrieb auch derart angespannt sein, dass der Arbeitgeber nicht mehr über eine ordentliche Kündigung nachdenkt sondern das Arbeitsverhältnis **außerordentlich kündigen** möchte. Insbesondere dann, wenn es unstrittig ist, dass besonders schweres Mobbing im Betrieb vorliegt, welches es dem Arbeitgeber unzumutbar macht, die Kündigungsfrist abzuwarten. Denkbar ist dies vor allem in den Fällen mittelbarer oder unmittelbarer Schädigung des Arbeitgebers durch Produktionsausfall, Schadensersatzansprüche oder Entgeltfortzahlung auf Grund einer Erkrankung des Gemobbten.[86]

Prinzipiell kann Mobbing eine außerordentliche Kündigung rechtfertigen wenn der Betriebsfrieden nachhaltig gestört wird, unter Umständen sogar ohne vorherige Abmahnung.[87]

Dennoch sind die Anforderungen im Vergleich zu einer ordentlichen Kündigung höher. Zunächst muss gem. § 626 Abs. 1 BGB ein wichtiger Grund vorliegen. Dieser kann allerdings schon durch Mobbing-

---

84 Hromadka/Maschmann, Individualarbeitsrecht, § 10 Beendigung des Arbeitsverhältnisses, Rn. 178.
85 Eisemann, in: Personalbuch 2012, Kündigung, verhaltensbedingte, Rn. 11.
86 Benecke, Mobbing, Arbeits- und Haftungsrecht, Rn. 285.
87 ErfK/Müller-Glöge § 626 BGB Rn. 117.

handlungen gegeben sein.[88] Sicherlich erst recht dann, wenn dem Arbeitgeber ein materieller Schaden entstanden ist. Neben der Berücksichtigung des Einzelfalls und der Abwägung der betroffenen Interessen (siehe oben) müsste aber ferner das Abwarten der Kündigungsfrist unzumutbar sein.

Im Bereich des Mobbing dürfte sich dieser Umstand dann ergeben, wenn der mobbende Arbeitnehmer verlauten lässt, er werde weiterhin entsprechende systematische Schikanierungen vornehmen, welche den Arbeitgeber somit auch mittelbar oder unmittelbar schädigen. Muss der Arbeitgeber damit rechnen, dass sein gemobbter Angestellter auf Grund Mobbinghandlungen zunehmend unkonzentriert arbeitet und somit Schäden verursacht oder Minderleistungen erbringt, wird diese Unzumutbarkeit gegeben sein.
Problematisch bei der Abgrenzung ist hier allerdings auch die Tatsache, dass es eben nicht darauf ankommt, inwiefern der Mobbingbetroffene unter den Schikanen zu leiden hat, sondern inwieweit diese die Vertragspflichten des Mobbers gegenüber dem Arbeitgeber verletzen.[89]
Letztlich ist in der Praxis also wieder die Problematik im Rahmen der Kausalität zu finden. Denn in der Regel wird es wohl schwer zu beweisen sein, ob die Mobbinghandlungen Ursache für eine schwerwiegende Vertragspflichtverletzung sind, welche Unzumutbarkeit hinsichtlich des Abwartens der Kündigungsfrist rechtfertigen. Grundlegend besteht die Möglichkeit der außerordentlichen Kündigung in derlei Fällen jedoch.

4.3 Einwirkungsmöglichkeiten des gemobbten Arbeitnehmers

Wie aufgezeigt, bestehen durchaus arbeitsrechtliche Maßnahmen, welche der Arbeitgeber ergreifen kann, um den Mobbingtäter an seinem Handeln zu hindern, bzw. gar aus dem Betrieb auszuschließen. Dennoch ist hier natürlich zu berücksichtigen, dass diese auch immer ein Wohlwollen des Arbeitgebers voraussetzen. Hat dieser wenig bis kein Interesse an der Beendigung des Mobbing, oder nimmt er die Situation nicht ernst, so werden die bestehenden Möglichkeiten eben auch nur solche bleiben.

---

88 Benecke, Mobbing, Arbeits- und Haftungsrecht, Rn. 286.
89 Benecke, Mobbing, Arbeits- und Haftungsrecht, Rn. 289.

Interessant sollte hier also die Frage sein, inwiefern der betroffene Arbeitnehmer auf den Arbeitgeber einwirken und somit entsprechende Handlungen durchsetzen kann.

4.3.1 Verlangen der Kündigung des Mobbingtäters

Wünschenswert scheint in der Praxis, dass der unliebsame Mobbingtäter im Idealfall aus dem betrieblichen Umfeld des Opfers ausscheiden soll. Insofern stellt sich die Frage, ob der Gemobbte gar die Kündigung des Täters verlangen kann. Im wegweisenden Urteil des BAG vom 25.10.2007 stand unter anderem auch dieser Aspekt zur Debatte.[90] Der Kläger begehrte Schmerzensgeld von seinem Arbeitgeber, da er seiner Ansicht nach über einen erheblich langen Zeitraum Mobbinghandlungen von seinem Vorgesetzten ausgesetzt war. Das BAG sprach dies dem Opfer letztendlich auch über § 278 BGB zu. Das weitere Begehren des Klägers, den mobbenden Vorgesetzten zu entlassen, wurde jedoch abgewiesen.

Ein solches Fordern widerspräche dem Grundsatz der Verhältnismäßigkeit, was wiederum dem Arbeitgeber nicht zumutbar wäre. Auch würde dies dem Ultima-Ratio-Prinzip völlig zuwiderlaufen, da der Arbeitgeber zunächst entsprechende mildere Maßnahmen, wie etwa eine Umsetzung, ergreifen müsste. Zumindest müsse der Kündigung eine Abmahnung vorausgehen.[91]

Man könnte zwar hier argumentieren, dass der Arbeitgeber im Rahmen seiner Fürsorgepflicht den betroffenen Arbeitnehmer schützen müsse, jedoch muss hier die Grenze der Unzumutbarkeit oder Unmöglichkeit beachtet werden.[92]

Dies erscheint auch sinnvoll, da man im vorliegenden Fall zum einen davon ausgehen kann, dass der Mobbingtäter nach Verurteilung zu einer Schmerzensgeldzahlung von weiteren Handlungen absehen wird. Zum anderen aus arbeitsrechtlicher Sicht aber schon deshalb, weil der Arbeitgeber unter Umständen trotz Fehlverhaltens an der weiteren Verfügbarkeit der Arbeitsleistung des Mobbingtäters ein berechtigtes Interesse haben kann. Differenziert betrachtet kann ein Arbeitnehmer zwar menschliches Fehlverhalten in Form von Mobbing an den Tag

---

90 BAG, 25.10.2007 – 8 AZR 593/06, NZA 2008, S. 223.
91 BAG, 25.10.2007 – 8 AZR 593/06, NZA 2008, S. 223 (226).
92 Ebenda.

legen, als etwaige Fachkraft für das Unternehmen aber dennoch von Relevanz sein. Ein Eingreifen eines anderen Arbeitnehmers in diese Konstellation erscheint auch daher fraglich. Die Entscheidung des BAG ist somit in diesem Punkt korrekt.

4.3.2 Möglichkeit der Druckkündigung

Nicht vorenthalten werden soll in diesem Zusammenhang aber die vieldiskutierte Möglichkeit der sogenannten Druckkündigung. Von dieser spricht man wenn Dritte, also etwa auch Beschäftigte oder der Gemobbte selbst, Druck auf den Arbeitgeber ausüben, sodass dieser sich veranlasst sieht einem anderen Arbeitnehmer zu kündigen.[93]

Zu differenzieren ist hierbei, ob es sich um eine echte oder unechte Druckkündigung handelt. Letztere liegt dann vor, wenn ein Kündigungsgrund an sich, oder auch ein wichtiger Grund für die sofortige Auflösung des Arbeitsverhältnisses besteht.[94] Dies bedeutet in Bezug auf Mobbingsachverhalte, dass wegen der Vertragspflicht-verletzung des Mobbers gegenüber dem Arbeitgeber ein an sich geeigneter Grund vorliegen muss. Ist dies der Fall, so wäre auch eine durch Druck erzwungene Kündigung wirksam.[95] Möchte also der Arbeitgeber von sich aus nichts unternehmen, kann er so indirekt gezwungen werden dem Störer zu kündigen, wenn etwa der Rest der Belegschaft androht das Arbeitsverhältnis ansonsten niederzulegen um den Betroffenen zu unterstützen.

Auch wenn dies zunächst aus etwa moralischen Gesichtspunkten fraglich erscheinen mag, ist es eine Möglichkeit den Arbeitgeber zum Handeln zu bewegen. Die Druckausübung hat, auch wenn der Arbeitgeber ohne diese von einer Kündigung abgesehen hätte, keinerlei rechtliche Auswirkungen.[96] Eine in diesem Zusammenhang ausgesprochene Kündigung wäre also im Ergebnis (bei Vorliegen aller sonstigen Voraussetzungen) wirksam.

Schwieriger dürfte sich die Situation aber gestalten, wenn es sich um eine sogenannte echte Druckkündigung handelt. Dies ist der Fall, wenn

---

93 Wolmerath, Mobbing, Rechtshandbuch für die Praxis, Rn. 566.
94 MueHdbArbR/Berkowsky, § 118 Druckkündigung, Rn. 6.
95 Ebenda.
96 Wolmerath, Mobbing, Rechtshandbuch für die Praxis, Rn. 567.

die bereits dargestellte Sachlage vorliegt, jedoch aber eben kein verhaltens- oder personenbedingter Kündigungsgrund.[97]

Für Mobbingsachverhalte dürfte diese Konstellation aus praktischen Gründen relevanter sein. Wie bereits mehrfach angedeutet, liegt die Problematik des Mobbing häufig letztendlich in der Beweisbarkeit und in der Kausalität. Ein Arbeitgeber sieht sich hier also dem Druck ausgesetzt, einem mobbenden Arbeitnehmer eine Kündigung zu erteilen, da die Belegschaft androht, die Arbeit niederzulegen. Denkbar ist auch die Situation, dass der vermeintlich gemobbte Arbeitnehmer selbst androht, den Betrieb zu verlassen. Sollte das Opfer auf Grund seiner Fähigkeiten unersetzlich sein, besteht die Gefahr, dass der Arbeitgeber sich dem Druck beugt und dem vermeintlichen Täter kündigt.

In den meisten Fällen wird der Arbeitgeber bei Mobbing aber nicht wissen können, ob ein an sich geeigneter Kündigungsgrund vorliegt. Schon allein, da Mobbing ein Prozess ist, der stets nach Einzelfall von den Gerichten zu bewerten ist, kann er keine Sicherheit haben, ob die Kündigung rechtens wäre. Zumal wird er oft auch nicht wissen können, inwieweit die Anschuldigungen der Wahrheit entsprechen.

Die Gefahr einer echte Druckkündigung ist demnach sehr hoch. Dies würde für den Arbeitgeber bedeuten, dass er sich wiederum potenziellen Schadensersatzforderungen des zu Unrecht Gekündigten aussetzen könnte, da es sich somit um einen Eingriff in das Recht am Arbeitsplatz handeln dürfte.[98]

Die Rechtssprechung hält aber dennoch auch eine echte Druckkündigung unter gewissen Umständen für zulässig.

Das BAG ist der Auffassung, eine echte Druckkündigung könne als ordentliche betriebsbedingte Kündigung in Betracht kommen. Und zwar dann, wenn gegen den Druck auf Grund seiner Stärke vom Arbeitgeber nicht angekommen werden könne, bzw. andere Maßnahmen auf Grund dessen auch nicht erwartet werden können. Ferner müsste er alles ihm Mögliche versucht haben, den Druckausübenden von seinem Verhalten abzubringen.[99]

---

97 MueHdbArbR/Berkowsky, § 118 Druckkündigung, Rn. 7.
98 Wolmerath, Mobbing, Rechtshandbuch für die Praxis, Rn. 567.
99 MueHdbArbR/Berkowsky, § 118 Druckkündigung, Rn. 9.

Interessant ist hierbei, dass es sich demnach bei dem Kündigungsgrund aber um einen betriebsbedingten handeln soll, da "die von einem Druck erzwungene Entlassung [...] als dringendes betriebliches Erfordernis qualifiziert wird."[100]

Berkowsky etwa hält diese Ansicht aber für nicht vertretbar, da diese Auffassung verkenne, dass es sich bei vorliegender Konstellation nicht um das Fehlen von Weiterbeschäftigungsmöglichkeiten für einen Arbeitnehmer handelt, wodurch dringende betriebliche Erfordernisse allgemeinhin aber definiert sind. Weiterhin kann damit eben nicht jede Situation gemeint sein, die sich negativ auf den Betrieb ausübt.[101]

Dieser Ansicht ist zu folgen, denn letztendlich würde bei Übertragung obiger Sachverhalte auf betriebliche Erfordernisse der Sinn des Kündigungsrechts verkannt werden.
Auch dürfte es wenig Sinn machen, die Druckkündigung unter verhaltens- oder personenbedingte Gründe zu subsumieren, da es hier eben auf das Verhalten, bzw. die Person des zu Kündigenden ankommt und gerade nicht auf Dritte.[102]

Festzuhalten bleibt, dass auch wenn das BAG sogar die echte Druckkündigung in Ausnahmefällen als zulässig ansieht, die Situation stets genau analysiert werden sollte. Nur wenn ein beweisbarer, an sich gerechtfertigter Kündigungsgrund vorliegt, sollte sich im Einzelfall der Arbeitgeber als letzte Konsequenz dem Druck beugen. Trotz allem muss es aber auch hier in seinem Interesse die letzte Möglichkeit bleiben. Anderweitige Maßnahmen, wie etwa das klärende Gespräch oder eine Abmahnung des Druckausübenden, sollten hierbei stets zuerst Berücksichtigung finden.

---

100 Ebenda.
101 MueHdbArbR/Berkowsky, § 118 Druckkündigung, Rn. 10.
102 Vgl. MueHdbArbR/Berkowsky, § 118 Druckkündigung, Rn. 12.

5. Betrachtung neuerer Ansätze zum Umgang mit Mobbing

Untersucht man nun die bisher aufgezeigten Möglichkeiten, so lässt sich leicht erkennen, dass es durchaus Wege und Mittel gibt, dem Mobbingproblem mit Hilfe zivilrechtlicher, aber auch arbeitsrechtlicher Lösungsmöglichkeiten Herr zu werden. Sowohl auf Arbeitnehmer- als auch Arbeitgeberseite bietet das deutsche Recht Wege und Anspruchsgrundlagen um den Komplex zu bewältigen. Dennoch werden zunehmend auch weitere Ansätze, sowohl in Literatur als auch Rechtsprechung, diskutiert und erarbeitet, um die Lösungen praktikabler zu gestalten und den jeweils Mobbingbetroffenen umfassenderen Schutz oder zumindest Unterstützung zu bieten.

5.1 Die sozialrechtliche Sichtweise

Eine aktuelle Entwicklung in Bezug auf die Mobbingdiskussion ist die Frage, ob und inwieweit Mobbingverhalten einen Anspruch auf Leistungen der gesetzlichen Unfallversicherung beim Geschädigten auslösen kann. Dass Mobbing in diesem Zusammenhang eine arbeitsbedingte Gesundheitsgefahr ist, welche grundsätzlich von Seiten des Unternehmers, als auch des Trägers der gesetzlichen Unfall-versicherung zu verhüten ist, ist anerkannt.[103]
Ebenso ist unstrittig, dass auch bei Gesundheitsverletzung durch Mobbing und damit zusammenhängendem Arbeitsausfall auf Grund Krankheit die Behandlungskosten des Versicherten durch die Krankenversicherung übernommen werden.

Fraglich ist allerdings, ob in einem solchen Fall nicht auch die gesetzliche Unfallversicherung heranzuziehen ist, wenn man davon ausgeht, dass der Arbeitsausfall hier eben die Folge von Eingriffen in die Person des Erkrankten durch andere im Betrieb Tätige ist.[104]

Damit diese jedoch überhaupt greifen kann, muss das Siebte Buch Sozialgesetzbuch (SGB VII) seine Anwendung finden, bzw. muss es sich somit bei dem Geschädigten um einen Versicherten im Sinne des § 2 Abs. 1 SGB VII handeln. Dies soll hier vorausgesetzt werden, da die

---

103 Köhler, ZFSH SGB 2012, S. 138 (143).
104 Köhler, ZFSH SGB 2012, S. 138 (144).

Anwendung in aller Regel unstrittig ist und die im Rahmen dieser Arbeit behandelten Personen Beschäftigte gem. Abs.1 Nr. 1 des Paragrafen sind.

Weiterhin müsste überhaupt ein Versicherungsfall vorliegen, sodass die gesetzliche Unfallversicherung tätig werden kann. Gemäß § 7 Abs. 1 SGB VII ist ein solcher entweder als Arbeitsunfall oder Berufskrankheit definiert. Dies bedeutet also im Wesentlichen, dass die Frage zu stellen ist, ob Mobbing am Arbeitsplatz als Arbeitsunfall, bzw. als Berufskrankheit gewertet werden kann. Ist dies nicht der Fall, so ist auch eine Übernahme der Kosten durch die gesetzliche Unfallversicherung ausgeschlossen.

Betrachtet man nun zunächst den **Arbeitsunfall**, so stellt man fest, dass dieser gemäß § 8 Abs. 1 SGB VII als Unfall von Versicherten infolge einer versicherten Tätigkeit beschrieben ist. Nach Satz 2 sind Unfälle wiederum "zeitlich begrenzte, von außen auf den Körper einwirkende Ereignisse, die zu einem Gesundheitsschaden oder zum Tod führen". Dass Mobbinghandlungen (meist psychisch) von außen auf den Körper einwirken sollte außer Frage stehen. Die Problematik liegt eher in der Dauer. Und zwar auch hier wieder in Bezug auf den systematischen, zusammenhängenden Prozess des Mobbings. Da sich die Handlungen zumindest mehrmals wiederholen müssen um als Mobbing qualifiziert zu werden, ist die zeitliche Begrenzung wohl schon das Ausschluss-kriterium überhaupt, um Mobbing unter den Begriff des Arbeitsunfalls zu subsumieren.[105] Bekräftigt wird dies auch durch die Ansicht des Bundessozialgerichts, wonach ein zeitlich begrenztes Ereignis maximal die Länge einer einzelnen Arbeitsschicht andauern kann.[106]

Für Mobbingsachverhalte, die sich klassischerweise eben auf die Verletzung des Persönlichkeitsrechts beziehen und das Opfer schleichend zermürben, lässt sich also festhalten, dass diese niemals als Arbeitsunfall im Sinne des § 8 Abs. 1 SGB VII gewertet werden können. Etwas anderes mag vielleicht in besonderen Fällen gelten, die etwa von körperlichen Angriffen von Kollegen oder Vorgesetzten geprägt sind, etwa auch in einer einzelnen Arbeitsschicht. Ein Arbeitsunfall und

---

105 Vgl. Köhler, ZFSH SGB 2012, S. 138 (144).
106 SGB VII/Schmitt § 8 Rn. 140.

somit letztendlich auch ein Anwendungsfall des SGB VII dürfte hier gegeben sein. Allerdings handelt es sich hierbei eben gerade nicht um das eigentliche Mobbing wie oben definiert. Ein Rückgriff auf die gesetzliche Unfallversicherung erscheint hier möglich. In den klassischen Mobbingfällen mit systematischer Verletzung des Persönlichkeitsrechtes jedoch nicht.

Als zweite Alternative des § 7 Abs. 1 SGB VII käme noch der Begriff der **Berufskrankheit** nach § 9 Abs. 1 SGB VII in Betracht. Zwar stellt dieser im Vergleich zum Arbeitsunfall keine Anforderungen an die zeitliche Begrenzung, dennoch birgt er Probleme im praktischen Bereich. Berufskrankheiten sind nach Absatz 1 lediglich solche, die die Bundesregierung durch Rechtsverordnung mit Zustimmung des Bundestags als solche bezeichnet. Berufskrankheiten sind demnach in einer abschließenden Liste zu finden. Jedoch ist hier weder Mobbing, noch dessen gesundheitliche Folge aufgeführt. Folglich scheidet Mobbing am Arbeitsplatz als Berufskrankheit gemäß § 9 Abs. 1 Satz 1 SGB VII zunächst aus.[107]

Laut Satz 2 bestünde weiterhin allerdings die Möglichkeit, Krankheiten als Berufskrankheiten zu qualifizieren, welche durch besondere Einwirkungen verursacht sind und denen bestimmte Personengruppen wegen ihrer versicherten Tätigkeit in erheblicherem Grade als die übrige Bevölkerung ausgesetzt sind. Man muss hier der These Köhlers zustimmen, dass Mobbing allerdings ein Problem ist, welches in allen gesellschaftlichen Bereichen und Berufsständen vorzufinden ist und sich nicht explizit auf bestimmte Berufsgruppen bezieht.[108] Es scheint also schon deshalb höchst unwahrscheinlich, dass Mobbing in der nächsten Zeit als Berufs-krankheit aufgeführt werden wird.

Somit bleibt festzuhalten, dass zum aktuellen Zeitpunkt betriebliches Mobbing weder als Arbeitsunfall, noch als Berufskrankheit betrachtet werden kann und sich nicht zuletzt auf Grund der Komplexität des Problems in näherer Zukunft an diesem Umstand faktisch wohl auch nichts ändern wird. Ein Rückgriff auf die gesetzliche Unfallversicherung nach den Vorschriften des SGB VII scheidet somit aus.

---

107 Köhler, ZFSH SGB 2012, S. 138 (145).
108 Ebenda.

Einen interessanten Gedanken liefert aber Köhler in seinem Aufsatz zum Mobbing am Arbeitsplatz in Bezug auf das Thema der **arbeitsbedingten Gesundheitsgefahr**.[109] Allerdings muss man hier feststellen, dass dieser lediglich als "kleiner Trost" zu werten ist, der zumindest das Phänomen Mobbing grundsätzlich als Zuständigkeitsbereich der gesetzlichen Unfallversicherung anerkennt, eine praktikable Lösung oder ein konkretes Mittel zur Bekämpfung des Problems aber nicht bieten kann.

Dies kann er schon allein deshalb nicht, da es sich bei näherer Betrachtung des Begriffs "Arbeitsbedingte Gesundheitsgefahr" lediglich um einen unbestimmten Rechtsbegriff handelt. Eine konkrete Definiton oder gar ein Beleg in Form einer etwaigen abschließenden Liste (vgl. Berufskrankheit) ist nicht existent.[110]

Einerseits bietet dies die Chance, betriebliches Mobbing durchaus unter den Terminus Arbeitsbedingte Gesundheitsgefahr zu subsumieren. Dass Mobbing erhebliche Schäden hervorrufen kann, ist bereits geklärt. Ebenso, dass diese somit im Umfeld des Arbeitsplatz entstehen. Vertritt man folglich die Meinung, dass Mobbing eine arbeitsbedingte Gesundheitsgefahr darstellt, so ist dennoch weiterhin die Frage zu stellen, ob dies auch zu einem befriedigenden Ergebnis hinsichtlich der Mobbingbekämpfung führt.

Gemäß § 1 Nr. 1 SGB VII ist es auch Aufgabe der gesetzlichen Unfallversicherung, arbeitsbedingte Gesundheitsgefahren zu verhüten, das heißt präventiv zu bekämpfen. Im Grunde scheint dies erfreulich, kann man nun doch davon ausgehen, dass auch Mobbing in diesem Kontext eine Gefahr ist, die zu bekämpfen ist. Mag dies soweit richtig sein, bleibt dennoch das Problem, mit welchen Mitteln dies zu handhaben ist und welche Konsequenzen bestehen, sollte der Präventionsauftrag nicht umgesetzt werden. Das Gesetz lässt dies offen.

Auch Köhler kann in seinem Fazit nur darstellen, dass gegen Mobbing folglich präventiv vorgegangen werden muss. Natürlich ist dem zuzustimmen, eine konkrete Umsetzung kann aber nicht ausgemacht werden. Im Ergebnis stellt der Ansatz somit einen durchaus positiven

---

109 Köhler, ZFSH SGB 2012, S. 138 (146).
110 Ebenda.

Gedanken dar, kann aber auch zuletzt durch die fehlende Rechtssicherheit auf Grund des unbestimmten Rechtsbegriffs nicht überzeugen. Die Möglichkeiten dem Komplex Mobbing mit Hilfe des SGB VII Herr zu werden, sind also wenig bis gar nicht vorhanden.

5.2. Straining als Weiterentwicklung des Mobbingbegriffs

Die bisherige Diskussion um Diskriminierung in Form von Mobbing am Arbeitsplatz hatte stets das systematische Vorgehen der Mobbingtäter, bzw. die Notwendigkeit eines längeren Mobbingzeitraums zur Grundlage. Es wurde nunmehr bereits deutlich, dass gerade hier die Probleme des Themas liegen, da es in der Praxis für Mobbingopfer häufig schwierig sein wird, sowohl die Systematik, als auch den längeren Zeitraum zu beweisen.

Zum aktuellen Zeitpunkt befasst sich die Wissenschaft mit einer neuen Herangehensweise, um eben diese Problematik zu beseitigen.
Jansen und Hartmann weisen zutreffend darauf hin, dass bei der momentanen Mobbingdiskussion stets auf die Handlungsseite abgestellt wird. Ob Mobbing vorliegt, bzw. ob entsprechende Schadensersatzfragen zu klären sind, ist häufig davon abhängig, welche Handlungen vom Mobbingtäter vorgenommen wurden und ob diese unter eine Gesundheits- oder Persönlichkeitsrechtsverletzung zu subsumieren sind. Die Folgenseite, d.h. inwieweit das Opfer auch tatsächlich zu leiden hatte und inwieweit es dadurch beeinträchtigt wurde, bleibt für diese Betrachtung im Grunde unwichtig. Um diese Lücke zu schließen, wird der Begriff des Straining im deutschen Rechtsraum diskutiert.[111]

Dabei ist das Straining (englisch "to strain": belasten, überanstrengen) ein von dem italienischen Professor Dr. H. Ege geprägter Begriff, der eine Situation bezeichnen soll, in der das Opfer bewusst Stress ausgesetzt wird, mit dem Ziel es langfristig psychisch oder physisch zu belasten. Wichtig ist dabei, dass der Schwerpunkt hierbei im Vergleich zum Mobbing bewusst in der psychischen oder physischen Mehrbelastung des Arbeitnehmers liegt, die auf arbeitsbedingten Gründen basiert.[112]

---

111 Jansen, Hartmann, NJW 2012, S. 1540.
112 Jansen, Hartmann, NJW 2012, S. 1540 (1543).

Es geht hier also nicht um das "übliche" Schikanieren wie beim Mobbing an sich sondern etwa um Anweisungen von Vorgesetzten, mit dem Ziel, das Opfer langfristig zu zermürben, beispielsweise durch Zuordnung von unsinnigen Arbeitsaufgaben oder gezielter Zuweisung von Aufgaben, die das Opfer unter- oder überfordern sollen.

Besonders ist aber in diesem Zusammenhang, dass im Vergleich zum Mobbing schon eine einzelne Handlung ausreichen soll, damit etwa das Persönlichkeitsrecht als sonstiges Recht des Opfers nach § 823 Abs. 1 BGB verletzt wird.

Voraussetzung hierfür ist lediglich, dass die Handlung auf an sich arbeitsbedingten Gründen basiert, sowie hinsichtlich der Folgenseite auf eine konstante, dauerhafte Belastung oder Diskriminierung abzielt, welche langfristige Folgen auslöst und Gesundheitsschäden oder Persönlichkeitsrechtsverletzungen darstellt.[113]

Wird also ein Arbeitnehmer etwa seiner Position als Büroleiter beraubt und werden ihm von nun an zum Großteil Arbeiten eines Auszubildenden aufgetragen, an denen er im Laufe der Zeit psychisch zu leiden hat, so wäre dies ein Fall, den man als Straining werten kann. Mobbing würde hier in aller Regel nicht vorliegen, da es lediglich einen einzigen Auslöser gab und der Arbeitnehmer nicht längerfristig schikaniert wurde, sondern die psychische Belastung nur durch die veränderte Arbeitssituation entstand.

Die Straining-Sichtweise kann somit durchaus als Ergänzung zur bisherigen Mobbingsituation gesehen werden. Praktische Bedeutung hat sie schon allein auf Grund der völlig unterschiedlichen Herangehensweise zur Geltendmachung von etwaigen Schadensersätzen nach § 823 Abs. 1 BGB. Auf die Folgenseite der Handlung abzustellen, dürfte dem Mobbingopfer hierbei auch entgegenkommen, da es praktisch einfacher sein sollte, die langfristigen Folgen auf Grund eines einzelnen nachweisbaren Vorfalls – etwa Entzug von Arbeitsaufgaben – nachzuweisen. Bei Mobbing in seiner bisherigen Form fanden die Handlungen meist stets verdeckt statt, so dass für Dritte eine objektive Analyse und Bewertung selten möglich war.

Auf Grund der Aktualität des Begriffs im deutschen Rechtsbereich existieren bis dato noch keine Urteile. Dass jedoch die Thematik von

---

113 Ebenda.

den Gerichten zumindest angenommen wird, zeigt sich beispielsweise in einem laufenden Verfahren des LAG Nürnberg, welches aktuell einen Strainingsachverhalt zum Inhalt hat.[114] Es bleibt abzuwarten, wie die Entscheidung ausgehen wird.

Eine weitere durchaus praktische Bedeutung des Straining liegt ferner im Bereich der Ausschlussfristen.

Unter einer solchen versteht man im arbeitsvertraglichen Kontext, dass ein Recht erlischt, wenn es nicht in der vertraglich vereinbarten Zeit geltend gemacht wurde. Hiermit wird Rechtssicherheit gewährleistet. Im Wesentlichen soll der Schuldner somit davon ausgehen können, dass nach Ablauf der Frist der Gläubiger keinen Anspruch mehr geltend machen kann. Im Arbeitsleben ist dies Gang und Gäbe, insbesondere in Form von Klauseln in Betriebsvereinbarungen, oder eben auch im Arbeitsvertrag direkt.[115]

Für Mobbinghandlungen heißt dies, dass nach einer vereinbarten Frist auch etwaige Ansprüche auf Schadensersatz verfallen. Auf Grund des Fortsetzungszusammenhangs kann man hier diskutieren, ab wann bei Mobbing die Frist überhaupt zu laufen beginnt. Regelmäßig wird sie dies mit Abschluss der letzten Mobbinghandlung tun. Dies scheint zunächst allerdings etwas paradox, da im Grunde die einzelne Handlung für sich noch kein Mobbing sein kann und man hier aber auf diese letzte – vielleicht einzeln betrachtet rechtlich irrelevante – Handlung abstellen muss. Dennoch: ist nach dieser die jeweilige Frist abgelaufen, so wird auch eine entsprechende Klage erfolglos sein.[116]

Auch hier bietet die Sichtweise des Straining einen anderen Ansatz: Jansen und Hartmann weisen darauf hin, dass eine Ausschlussfrist im Vergleich zu Mobbing nicht mit Abschluss der Handlung zu laufen beginnen kann, sondern auf Grund der Folgeseitebetrachtung des Strainings erst mit Wegfall der Folge.[117]

Hier zeigt sich die praktische Bedeutung des Straining einmal mehr: muss man bei einer reinen Mobbingbetrachtung damit rechnen, dass Ansprüche aus dem Arbeitsverhältnis nicht mehr geltend gemacht

---

114 Jansen, Hartmann, NJW 2012, S. 1540; LAG Nürnberg – Az. 4 Sa 635/10.
115 Hromadka/Maschmann, Individualarbeitsrecht, § 7 Pflichten des Arbeitgebers, Rn. 78.
116 Jansen, Hartmann, NJW 2012, S. 1540 (1542).
117 Jansen, Hartmann, NJW 2012, S. 1540 (1544).

werden können, da die Frist zur Durchsetzung womöglich bereits ablief, die Folgen der Handlungen aber noch gar nicht einsetzten, so hat man hier nun zumindest die Gewissheit, dass etwa bei anhaltenden Gesundheitsschäden die Frist noch gar nicht zu laufen beginnen kann. Dies bringt für die Opfer eine gewisse Rechtssicherheit mit sich.

Zusammenfassend lässt sich somit sagen, dass durch diese erweiterte Betrachtung gegen das Problem der Diskriminierung am Arbeitsplatz durchaus effektiver vorgegangen werden kann. Wie die Gerichte jedoch letztendlich das Thema annehmen, muss sich in naher Zukunft erst noch zeigen.

5.3 Mobbing und das Allgemeine Gleichbehandlungsgesetz

Zwar mit seiner Einführung im Jahre 2006 im Grunde nicht mehr ganz aktuell, für die neuere Mobbingbetrachtung jedoch unerlässlich, ist das Allgemeine Gleichbehandlungsgesetz (AGG).
Gemäß § 1 AGG ist es Ziel des Gesetzes, "Benachteiligungen aus Gründen der Rasse oder wegen der ethnischen Herkunft, des Geschlechts, der Religion oder Weltanschauung, einer Behinderung, des Alters oder der sexuellen Identität zu verhindern oder zu beseitigen". Diese recht umfassende Aufzählung mag auf den ersten Blick durchaus auch für Fälle des Mobbing relevant sein. Dennoch ist die Beurteilung nicht ganz so einfach, wie es zunächst scheint.

Bereits vor 2006, als das AGG noch in den Startlöchern stand, diskutierte die einschlägige Literatur bereits den Entwurf zum Allgemeinen Gleichbehandlungsgesetz, damals noch "Antidiskriminierungsgesetz" genannt. Man stellte hier zunächst zutreffend fest, dass in nahezu allen bis dato bekannt gewordenen Mobbingfällen das Mobbing aber gerade nicht aus Gründen der Rasse, des Geschlechts usw. vollzogen wurde. Demnach ging man bereits damals davon aus, dass mit Einführung des Gesetzes auch die Problematik des Mobbing nicht in den Griff zu bekommen wäre, bzw. das Gesetz auch nicht auf klassische Mobbingfälle anzuwenden sei.[118]

---

118 Benecke, Arbeits- und Haftungsrecht, Rn. 82.

Grundsätzlich könnte man aus heutiger Sicht dem auch zustimmen, ist Mobbing, wie bereits im Laufe dieser Arbeit festgestellt, selten auf (an sich) objektive Gründe wie etwa eine andere ethnische Herkunft, das Geschlecht oder gar die Religion zurückzuführen. Vielmehr scheint es doch so, dass Mobbing auf einer zwischenmenschlichen, subjektiven Ebene stattfindet, die eher selten von einem weiteren Grund als simple Abneigung oder Unmut gegenüber dem Opfer geprägt ist. Meist hat Mobbing seine Ursache im persönlichen Bereich, etwa auf Grund nicht rationaler Antipathien, Konkurrenzdenken oder sonstigem Vergleichbaren. Ein Mobbinggrund, der sich allein auf die genannten Merkmale in § 1 AGG bezieht, dürfte an sich sehr selten vorliegen. Komplett ausgeschlossen ist dies jedoch natürlich nicht.

Für die weitere Mobbingdiskussion ist aber zunächst der Zusammenhang zwischen einer Benachteiligung und einer Belästigung zu klären. Gemäß § 3 Abs. 3 AGG ist eine Benachteiligung in Form einer Belästigung gegeben, wenn "unerwünschte Verhaltensweisen, die mit einem in § 1 genannten Grund in Zusammenhang stehen, bezwecken oder bewirken, dass die Würde der Betreffenden verletzt und ein von Einschüchterungen, Anfeindungen, Erniedrigungen, Entwürdigungen oder Beleidigungen gekennzeichnetes Umfeld geschaffen wird."
Diese Definition erinnert an Merkmale, die auch im Bereich des eigentlichen Mobbing auftreten. Man kann sich hier nun also die Frage stellen, ob und inwieweit Mobbing und der Begriff der Belästigung im AGG in Einklang gebracht werden können, sodass auch eine Benachteiligung bei Mobbing vorliegt.[119]

Vorher bleibt ferner problematisch aber immernoch der geforderte Zusammenhang zu einem in § 1 AGG genannten Grund.
In den wohl seltenen Fällen, in denen Mobbing tatsächlich auf mindestens einem der genannten Gründe basiert, dürfte die direkte Anwendung des AGG unstrittig sein.[120] In der Konsequenz heißt das auch, dass in solch einem Fall § 7 Abs. 1 AGG greift, wonach Beschäftigte nicht benachteiligt werden dürfen. Werden Sie dies doch, so ist in der Folge auch etwa § 15 Abs. 1 AGG einschlägig, welcher bei einem Verstoß gegen das Benachteiligungsverbot einen

---

119 Siehe dazu unten Meinung des BAG.
120 So auch Wolmerath/Esser, Werkbuch Mobbing, S. 304.

Schadensersatz des Arbeitgebers gegenüber dem Benachteiligten vorsieht.

In diesen konkreten Fällen scheint es auch sinnvoll zu sein, die Mobbingproblematik direkt mit Hilfe des AGG zu lösen, da es als Spezialgesetz sicherlich die einfachere Variante darstellt, insbesondere wenn es dem Opfer etwa um einen Schadensersatzanspruch geht. Es wäre wohl hier im Zweifel sogar unsinnig, etwaige Ansprüche auf herkömmlichem, zivilrechtlichem Wege etwa nach § 280 BGB oder § 823 BGB zu lösen.

Fraglich ist aber an dieser Stelle, wie zu verfahren ist, wenn eben, wie in den wohl meisten Fällen, kein Grund nach § 1 AGG bei Mobbinghandlungen vorliegt. Konkreter: Ist es sinnvoll und vor allem möglich, das Allgemeine Gleichbehandlungsgesetz analog bei Mobbingfällen anzuwenden, die an sich keine Benachteiligungsgründe nach dem AGG darstellen?

Mit dieser Analogie beschäftigte sich etwa auch Wolmerath unter Zuhilfenahme des BAG-Urteils vom 25.10.2007.[121] In jenem befasste sich das Gericht mit der Frage, ob betriebliches Mobbing unter die Normen des AGG zu subsumieren sei. In vorliegendem Fall beanspruchte der Kläger die Entlassung seines ihn mobbenden Vorgesetzen. Das Gericht diskutierte in diesem Zusammenhang § 12 Abs. 1 AGG, welcher besagt, dass der Arbeitgeber die erforderlichen Maßnahmen zum Schutz vor Benachteiligungen wegen eines in § 1 AGG genannten Grundes zu treffen hat. Hierzu stellte es weiterhin fest, dass der Begriff der Belästigung gemäß § 3 Abs. 3 AGG im Wesentlichen mit dem Begriff des Mobbing gleichzusetzen sei und merkte weiterhin an, dass dieser auf generelle Fälle einer Benachteiligung eines Arbeitnehmers, ungeachtet dessen Grundes, übertragen werden könne.[122]

Das Gericht begründete dies damit, indem es feststellte, dass nach bisheriger Rechtssprechung der Arbeitgeber im Rahmen seiner Fürsorgepflicht auf das Wohl des Arbeitnehmers Rücksicht zu nehmen

121 Wolmerath/Esser, Werkbuch Mobbing, S. 304; BAG, 25.10.2007 – 8 AZR 593/06.
122 BAG, 25.10.2007 – 8 AZR 593/06, NZA 2008, S. 223 (225).

hat, was sich aus dem Grundsatz von Treu und Glauben nach § 242 BGB ergebe. Hieraus folge, dass der Arbeitgeber auch die Pflicht habe, seine Arbeitnehmer vor Belästigungen zu schützen. Weiterhin habe der Gesetzgeber durch das AGG und dessen § 12 Abs. 3 diese Pflicht des Arbeitgebers weiter konkretisiert, in dem bestimmte Maßnahmen wie etwa Umsetzung oder Kündigung des belästigenden Arbeitnehmers genannt werden. Eine Übertragung auf Mobbingsachverhalte sei schon deshalb möglich, weil § 12 AGG lediglich eine Konkretisierung der dem Arbeitgeber obliegenden Fürsorgepflicht darstelle.[123]

Wenn das BAG allerdings der Auffassung ist, bei Mobbingsachverhalten sei § 12 Abs. 1, Abs. 3 AGG analog anzuwenden, so stellt sich laut Wolmerath zutreffenderweise auch die Frage, was dies für die analoge Anwendung des AGG in seiner Gesamtheit auf Mobbingfälle bedeutet. Richtigerweise weist er darauf hin, dass als logische Konsequenz somit alle Paragrafen des AGG auf Mobbingsachverhalte angewendet werden dürfen. In den Fällen, in denen kein Benachteiligungsgrund im Sinne des § 1 AGG vorliegt, müsste also eine analoge Anwendung möglich und auch richtig sein.[124]

Diese Entscheidung und dessen Interpretation dürfte hinsichtlich der Mobbingdiskussion völlig neue Wege eröffnen. Es ist somit auch denkbar, dass vor den Gerichten auch mit Hilfe des AGG reine Mobbingfälle behandelt werden können. So wäre es etwa möglich, dass bei "herkömmlichem" Mobbing auch Schadensersatzansprüche gegenüber einem Arbeitgeber aus § 15 Abs. 1 AGG geltend gemacht werden können.

Dennoch gibt es auch kritische Stimmen zu dieser Thematik. In einer Besprechung zum gleichen Urteil weist Benecke darauf hin, dass diese analoge Anwendung "missverständlich und insoweit fraglich sei", da das AGG als Spezialgesetz den behandelten Fall gar nicht betreffe.[125] Ein durchaus gewichtiges Argument für die Analogiekritik sei schon allein in der Urteilsbegründung gegeben. Dort heißt es nämlich, dass für Mobbingfälle vor Einführung des AGG die allgemeine Fürsorgepflicht anzuwenden sei, welche letztendlich zum gleichen Ergebnis kommt wie

---

123 BAG, 25.10.2007 – 8 AZR 593/06, NZA 2008, S. 223 (226).
124 Wolmerath/Esser, Werkbuch Mobbing, S. 306 – 307.
125 Benecke, Recht der Arbeit 2008, S. 357 (364).

die analoge Anwendung des AGG.[126]

Im Grunde ist dies korrekt. Eine analoge Anwendung des AGG, wie es das BAG für möglich hält, scheint im Zweifelsfall gar nicht nötig zu sein. Dennoch ist diese Ansicht vertretbar. Als weiteres Mittel zur Durchsetzung der Rechte und Ansprüche von Mobbingopfern scheint sie indes durchaus auch ihre Berechtigung zu haben.

Seit dem BAG-Urteil von 2007 gab es allerdings bisher offensichtlich kein Arbeitsgericht, das sich dessen Begründung angenommen hatte und einen reinen Mobbingfall unter Zuhilfenahme des AGG entschieden hat.[127] Dass die Möglichkeiten in der Zukunft aber theoretisch bestehen, hat sich gezeigt.

---

126 Ebenda.
127 Wolmerath/Esser, Werkbuch Mobbing, S. 308.

6. Mobbingprävention durch das kollektive Arbeitsrecht

Die bisherigen Ausführungen haben gezeigt, dass Mobbing am Arbeitsplatz ein schwieriger Komplex ist, der im täglichen Arbeitsleben durchaus von enormer Bedeutung sein kann. Die Möglichkeiten, diesem insbesondere durch Instrumente des Individualarbeitsrechts Herr zu werden, sind jedoch ebenso vielfältig vorhanden. Was jedoch alle bis dato diskutierten Optionen gemeinsam haben ist, dass sie zum einen auch lediglich Möglichkeiten darstellen um das Problem zu bekämpfen. Sie sind kein Garant dafür, dass das Mobbing auch tatsächlich unterbleibt oder minimiert wird. Vielmehr sind es meist lediglich Ansätze, um geschehenes Unrecht zu sanktionieren.[128] Zwar mag dies natürlich auch durchaus die Wirkung haben, dass Mobbing in Zukunft unterbleibt, an der Wurzel bekämpft es das Problem allerdings nicht. Zum anderen muss man in diesem Zusammenhang eben feststellen, dass es sich bei den besprochenen Maßnahmen lediglich um nachträgliche Handlungen handelt. Alle Instrumente griffen bisher nur dann, wenn entsprechende Mobbinghandlungen schon begangen wurden.

Dass betriebliches Mobbing sowohl für Arbeitnehmer, als auch Arbeitgeber von enormer rechtlicher Relevanz sein kann, ist hinreichend belegt. Es stellt sich hier also die Frage, ob und wie die Problematik rechtlich gesehen bereits im Vorfeld minimiert, bzw. beseitigt werden kann, sodass entsprechende Sanktionen im individualarbeitsrechtlichen Bereich womöglich gar nicht zur Debatte stehen müssen.

6.1 Mitbestimmung des Betriebsrats bei Mobbingsachverhalten

Bei der Beurteilung arbeitsrechtlicher Fragen sollte stets auch immer der Betriebsrat berücksichtigt werden, welcher nach § 1 Abs. 1 BetrVG in Betrieben ab mindestens fünf wahlberechtigten Arbeitnehmern zu bilden ist. Dieser könnte einen maßgeblichen Teil zur Bewältigung von Mobbingproblematiken im Betrieb beitragen. Immerhin ist es gemäß § 2 Abs. 1 BetrVG seine Aufgabe, gemeinsam mit dem Arbeitgeber zum Wohl der Arbeitnehmer und dem Betrieb vertrauensvoll zusammen-zuarbeiten.

---

128 Eine Ausnahme bildet jedoch etwa die Abmahnung, welche keinen
    Sanktionscharakter hat, sondern zukünftiges Verhalten unterbinden soll.

Grundsätzlich kann man sich nun fragen, inwieweit sich dieser überhaupt in Angelegenheiten des Arbeitgebers, bzw. des Betriebs als solchen einbringen kann.

Auf freiwilliger Basis ist es nach § 88 BetrVG stets möglich, Betriebsvereinbarungen abzuschließen.[129] Hierzu bedarf es allerdings der Einigung zwischen Arbeitgeber und Betriebsrat. Die Frage ist demnach eher, inwieweit eine Mitbestimmung möglich wird, sollte kein Konsens der beiden Parteien bestehen.

Laut § 87 Abs. 1 BetrVG steht dem Betriebsrat ein Mitbestimmungsrecht bei sozialen Angelegenheiten im Betrieb zu. Zu beachten ist jedoch die abschließende Liste der mitbestimmungspflichtigen Thematiken des gleichen Paragrafen. Nur in jenen spezifischen Angelegenheiten hat der Betriebsrat ein Recht auf Mitbestimmung, vorausgesetzt, es handelt sich nicht um Angelegenheiten, zu denen bereits eine tarifliche oder gesetzliche Regelung besteht.

Bei Mobbingsachverhalten dürfte diese Hürde kein Problem darstellen. Bis dato existieren weder tarifvertragliche, noch gesetzliche Regelungen.[130] Grundsätzlich kann also eine Mitbestimmung möglich sein.

Weiterhin müsste ein kollektiver Bezug vorliegen, sodass sich ein Mitbestimmungsrecht ergeben kann. Die Angelegenheit darf sich demnach nicht auf einen einzelnen Arbeitnehmer persönlich beziehen sondern muss die Belange der Belegschaft als Ganzes betreffen.[131] Mobbing ist ein Phänomen, welches im Grunde die gesamte Arbeitnehmerschaft im Betrieb betreffen kann. Es geht hierbei nicht um die konkreten Bedürfnisse eines individuellen Arbeitnehmers. Der kollektive Bezug ist somit zu bejahen.

Betrachtet man die mitbestimmungsfähigen Angelegenheiten nach § 87 Abs. 1 BetrVG, so zeigt sich, dass gemäß Nr. 1 "Fragen der Ordnung des Betriebs und des Verhaltens der Arbeitnehmer im Betrieb" der Mitbestimmung des Betriebsrats unterliegen. Dass Mobbing und dessen Vermeidung eine Frage der Ordnung des Betriebs ist, liegt auf der Hand. Diese Sichtweise ist in der einschlägigen Literatur auch allgemein

---

129 Unter Beachtung der Schranken des § 77 BetrVG.
130 Wolmerath, Mobbing, Rechtshandbuch für die Praxis, Rn. 716.
131 ErfK/Kania § 87 BetrVG Rn. 6.

anerkannt.[132] Bereits im Jahre 2000 stellte ferner auch schon etwa das ArbG Köln fest, dass der Schutz der Persönlichkeitsrechte von Arbeitnehmern bei Mobbing dem Mitbestimmungsrecht nach § 87 Abs. 1 Nr. 1 BetrVG unterliegt.[133]

Von Bedeutung in diesem Zusammenhang ist weiterhin die Art des Mitbestimmungsrechtes. Die Vorschriften des § 87 Abs. 1 BetrVG unterlegen einem sogenannten echten Mitbestimmungsrecht. Dies bedeutet, dass der Betriebsrat somit auch ein Initiativrecht inne hat. Er ist also dazu berechtigt, von sich aus tätig zu werden und die Initiative gegenüber dem Arbeitgeber bei Angelegenheiten aus § 87 Abs. 1 BetrVG zu ergreifen.[134] Betreffend der Regelungen zu Mobbingsachverhalten im Betrieb, ist dieser also dazu befugt, von sich aus entsprechende Maßnahmen zur Bewältigung beim Arbeitgeber zu verlangen und muss nicht auf dessen Initiative hoffen.[135]

In der Praxis ist dies jedoch nicht ganz so einfach, wie man meinen mag. Die Rechtsprechung unterscheidet etwa zwischen dem zu regelnden Arbeitsverhalten und dem Ordnungsverhalten. Ersteres unterliegt demnach nicht der Mitbestimmung. Hier muss dem Arbeitgeber der Entscheidungsspielraum erhalten bleiben, wie er die Arbeitspflicht konkretisieren möchte, was auch Reaktionen auf ein Fehlverhalten eines Arbeitnehmers einschließt. Nicht so jedoch beim Ordnungsverhalten.[136]
Ebenso kann eine erzwingbare Mitbestimmung nicht möglich sein, wenn es sich um Sachverhalte handelt, die per se mitbestimmungsfrei sind. Dies wäre etwa im Bereich von Weisungen oder bei der Arbeitsorganisation der Fall.[137]

Weiterhin besteht bei der Mitbestimmung des Betriebsrats auch ein Problem, welches in der Praxis bei der Vermeidung von Mobbing sicherlich die größte Bedeutung haben dürfte. Gemäß § 75 Abs. 2 BetrVG ist die freie Entfaltung der Persönlichkeit der Arbeitnehmer im Betrieb zu schützen und zu fördern. Dies bringt einen Konflikt bei der

---

132 Wolmerath, Mobbing, Rechtshandbuch für die Praxis, Rn. 727.
133 ArbG Köln 21.11.2000 – 12 BV 227/00, BeckRS 2000, 30883459.
134 Schaub, Arbeitsrecht-Handbuch/Koch, § 235, Rn. 15.
135 Vgl. dazu etwa das Zustimmungsverweigerungsrecht bei § 99 Abs. 2 BetrVG.
136 Benecke, Mobbing, Arbeits- und Haftungsrecht, Rn. 395.
137 Ebenda.

Regelung von Mobbingsachverhalten mit sich. Denn wie erläutert, betrifft Mobbing gerade meist den Bereich der Persönlichkeitsrechte, bzw. der juristisch nicht greifbaren Verhaltensweisen einzelner Arbeitnehmer. Möchte man Mobbing im Betrieb vermeiden, so stellt man fest, dass hierzu unter Umständen ein Eingriff in die Persönlichkeit des Mobbingtäters nötig ist. Dies ist auch durch Beteiligung des Betriebsrats allerdings gerade nicht möglich.

So ist es beispielsweise ausgeschlossen, Handlungen, welche für sich genommen rein dem Privatleben oder dem Charakter des Mobbenden zuzuschreiben sind, zu regeln. Etwa das bewusste Nicht-Beachten oder plakatives Wegsetzen.[138]
Dies wäre natürlich auch davon unabhängig betrachtet völlig unsinnig und in der betrieblichen Praxis weder anwendbar, noch überprüfbar.

Festzuhalten bleibt, dass jedoch im Rahmen der Regelungsmöglichkeiten entsprechende Vereinbarungen zwischen Betriebsrat und Arbeitgeber getroffen werden können und im Sinne der Mobbingprävention auch sollten. Dem Arbeitgeber ist dies aus rechtlichen Gründen mitunter auch schon deshalb zu raten, da im Falle einer vergeblichen Einigung die Regelung des § 87 Abs. 2 BetrVG Satz 2 greift, welche besagt, dass in einem solchen Fall der Spruch einer Einigungsstelle die Einigung zwischen Arbeitgeber und Betriebsrat ersetzen kann. Eine solche ist gemäß § 76 Abs. 1 BetrVG bei Bedarf zu bilden, insofern sie nicht schon bereits etwa durch eine Betriebsvereinbarung (Satz 2) gebildet wurde. Der Arbeitgeber muss also im Zweifelsfalle damit rechnen, dass seine Zustimmung durch den Spruch der Einigungsstelle fingiert wird.

6.2 Betriebsvereinbarung zur Mobbingprävention

Regelungen zwischen Arbeitgeber und Betriebsrat werden üblicherweise in Form einer schriftlichen Betriebsvereinbarung getroffen. Nach Abschluss gilt diese innerhalb des Betriebes unmittelbar und zwingend (§ 77 Abs. 2 Satz 1, Satz 2 BetrVG).

---

138 Benecke, Mobbing, Arbeits- und Haftungsrecht, Rn. 388.

Im Folgenden soll gezeigt werden, wie eine Betriebsvereinbarung zum Thema Mobbing aussehen könnte und welche Vereinbarungen darin sinnvoll, bzw. essenziell sind. Grundlage hierfür soll ein Entwurf einer Betriebsvereinbarung des DGB zum Thema Mobbing sein.[139]

Grundsätzlich sind zunächst die obligatorischen Eckpunkte festzulegen. Zunächst kann eine Präambel sinnvoll sein, die den Grund und die Ziele erläutern, weshalb die Vereinbarung abgeschlossen wird. Ebenso ist auch der räumliche und persönliche Geltungsbereich festzulegen, so geschehen in § 1 der Musterbetriebsvereinbarung. Regelungen zu Inkrafttreten und Kündigung sind ebenso obligatorisch (§ 9).

Besonderes Augenmerk sollte aber auf die Begriffsbestimmung gelegt werden. Im Entwurf ist hier in § 2 von einem Belästigungsverbot die Rede, welches sich weitgehend auf die Merkmale des AGG bezieht. Dies ist sicherlich grundsätzlich nicht falsch, sollte jedoch in Hinblick auf Mobbing konkretisiert werden. Es wäre an dieser Stelle ratsam, den Begriff Mobbing zu definieren[140] und einen ensprechenden Beispiel-katalog anzuhängen, der die Arbeitnehmer dahingehend aufklärt, welche Handlungen überhaupt allgemein in Betracht kommen können. Die Nennung besonders zu berücksichtigender Tätlichkeiten wie im Beispiel geschehen, ist zusätzlich von Vorteil.

Problematisch ist im nächsten Schritt die Benennung der Sanktionen, sollte gegen die Vereinbarung im Betrieb verstoßen werden. Im Beispiel sind unter § 3 entsprechende Maßnahmen wie Versetzung oder Kündigung genannt. Diese mögen zwar im jeweiligen Einzelfall möglich sein, können aber an dieser Stelle nur allgemein als beispielhafte Sanktionen genannt werden. Da wie bereits erläutert bei einer Kündigung besondere Anforderungen vor Ausspruch zu beachten sind, kann diese nicht als unmittelbar geltende Maßnahme durch Betriebsvereinbarung festgelegt werden. Eine solche individualarbeitsrechtliche Maßnahme unterliegt stets der Berücksichtigung des jeweiligen Einzelfalls.

---

139 Informationen zur Angestelltenpolitik 1997, S. 34 ff.; siehe auch Anhang, Anlage 5.
140 Etwa Definition nach Leymann, siehe Einführung.

An dieser Stelle wäre es sinnvoll, Sanktionen im kollektivarbeits-rechtlichen Bereich zu benennen. In Betracht käme hier etwa eine Betriebsbuße. Man könnte hier festlegen, dass bei Verstoß gegen die Betriebsvereinbarung und durch Ausübung von Verhaltensweisen, die als Mobbing zu werten sind, eine Betriebsbuße zu verhängen ist. Etwa in Form einer Geldbuße. Dies ist jedoch nicht ganz unproblematisch.

Nach herrschender Meinung ist eine Betriebsbuße grundsätzlich zulässig, dennoch muss beachtet werden, dass auch hier ein Mitbestimmungsrecht des Betriebsrats greift. Dies gilt sowohl bei der Aufstellung der Bußenordnung mit ihren Inhalten, als auch bei der jeweils einzelfallabhängigen Verhängung der Buße. Jede einzelne Betriebsbuße bedarf also zusätzlich der Zustimmung des Betriebsats oder einer zuvor gebildeten Kommission. Ferner müssen die Tatbestände, die eine Buße auslösen sollen, klar und einheitlich auch hier definiert sein.[141]

Geahndet werden können auch nur Verstöße gegen die betriebliche Ordnung, nicht etwa das Arbeitsverhalten des Arbeitnehmers alleine. Ebenso ist es nicht möglich, geltendes Recht zu umgehen und etwa als Buße die sofortige Entlassung des Mobbenden festzulegen. Sinnvoll wäre die Verhängung einer angemessenen Geldbuße, welche allerdings jedoch nicht dem Arbeitgeber zugute kommen darf, sondern betrieblicher oder gemeinnütziger Zwecke dienen muss.[142]

Zur Mobbingprävention ist eine solche Klausel unerlässlich, da ansonsten durch eine Betriebsvereinbarung nur mögliche, meist von individualarbeitsrechtlichen weiteren Regelungen abhängige Sanktionen möglich sind. Der Hinweis auf eine etwaige Entlassung oder Abmahnung mag sinnvoll sein, löst aber innerhalb der Betriebsvereinbarung keinen rechtsverbindlichen Charakter aus. Eine entsprechende Bußenordnung schafft somit Klarheit, welche Maßnahmen bei Nichtbefolgen der Vereinbarung zu erwarten sind. Dies löst natürlich nicht das Problem des Mobbings als solches, jedoch dürfte es weitgehend zur Unterdrückung beitragen.

---

141 Schaub, Arbeitsrecht-Handbuch/Koch, § 235, Rn. 34.
142 MueHdbArbR/Matthes, § 243 Mitbestimmung bei der Ordnung des Betriebes, Rn. 26 - 28.

Die restlichen Paragrafen des DGB-Entwurfs sind weiterhin dennoch als zusätzliche Maßnahmen sinnvoll, da sie im Rahmen des betrieblichen Beschwerderechts ebenso der Verbesserung des Betriebsklimas dienen.

Es bleibt festzustellen, dass eine Betriebsvereinbarung zur Verhinderung von Mobbing von bedeutendem Vorteil sein kann. Sinnvoll ist sie aber nur dann, wenn sie auch entsprechende Sanktionen mit sich bringt und nicht nur auf potenziell mögliche Maßnahmen hinweist. Werden keine durchsetzbaren Regelungen vereinbart, so hat sie eher den Charakter einer reinen Wohlwollenserklärung, welche im Ergebnis nur wenig sinnvoll sein kann.

7. Fazit

Mobbing am Arbeitsplatz ist ein Phänomen, welches schon seit mehreren Dekaden vorhanden ist. Besondere Beachtung fand es jedoch erst innerhalb des letzten Jahrzents, insbesondere durch die Verbreitung des Begriffs Mobbing durch Literatur und Rechtsprechung. Es zeigte sich hierbei dennoch, dass in der Praxis schwer abzugrenzen ist, wann Mobbing überhaupt vorliegt und wie man dieses Problem in den Griff bekommen kann. Dies ist vor allem der nicht einheitlichen Definition des Begriffs und der somit unterschiedlichen Auffassung desselben geschuldet.

Das Zivilrecht bietet dennoch Möglichkeiten, die Problematik über dessen allgemeine Vorschriften in den Griff zu bekommen. Insbesondere im schadensersatzrechtlichen Bereich können die Normen des BGB herangezogen werden. Ebenso verhält es sich mit individualarbeitsrechtlichen Maßnahmen, die auf Sachverhalte des Mobbing angewendet werden können.

Dass das Problem in den letzten Jahren weiter zugenommen hat und durchaus von Relevanz im betrieblichen Bereich ist, zeigt sich auch dadurch, dass zunehmend neue Herangehensweisen diskutiert werden um Mobbing zu unterbinden oder zumindest mit zivilrechtlichen Mitteln zu sanktionieren.

Eine wichtige Entwicklung in den letzten Jahren ist sicherlich die Einführung des Allgemeinen Gleichbehandlungsgesetzes. Dennoch muss man festhalten, dass dies dem Mobbingproblem nur bedingt gerecht werden kann. Die Anwendung dessen Normen auf reine Mobbingsachverhalte ist umstritten. Zum einen hinsichtlich dessen Sinnhaftigkeit, da die gewünschten Lösungen auch durch Vorschriften des BGB erreicht werden können. Zum anderen auch hinsichtlich der Analogiefähigkeit. Es muss sich erst zeigen, ob und wie die Rechtsprechung auf diese Thematik in den nächsten Jahren reagieren wird und ob auch durch das AGG entsprechende Urteile gefällt werden. Die Möglichkeit hierzu besteht zumindest theoretisch.

Zum aktuellen Zeitpunkt scheint es auf rechtlicher Basis präventiv nur möglich zu sein, die Problematik mit Hilfe des Betriebsrats durch Betriebsvereinbarung im Ansatz zu lösen. Eine wirklich befriedigende Lösung stellt dies allerdings nicht dar. Vielmehr scheint es die einzige

Möglichkeit zu sein, um mit rechtlichen Mitteln zumindest darauf hoffen zu können, dass Mobbing unterbleibt.

In Anbetracht der Relevanz des Problems im Arbeitsleben kann dies aber keine dauerhafte Lösung darstellen.

Dass es grundsätzlich möglich ist, entsprechende Regelungen in Bezug auf Diskriminierung gesetzlich zu normieren zeigt das Allgemeine Gleichbehandlungsgesetz. Als logische Weiterentwicklung könnte der Gesetzgeber dessen Normen zur Entwicklung eines eigenen Gesetzes in Bezug auf Mobbing heranziehen und somit klar machen, dass Mobbing nicht toleriert werden kann.

Es bleibt zum momentanen Zeitpunkt jedoch nur abzuwarten, ob und inwieweit sich diesbezüglich etwas ändern wird. Dass Bedarf in hohem Maße besteht, haben die bisherigen Ausführungen gezeigt.

Anhang

Anlage 1: Umfrage zu: "Sind Sie in Ihrem beruflichen Umfeld schon einmal gemobbt worden?"[143]

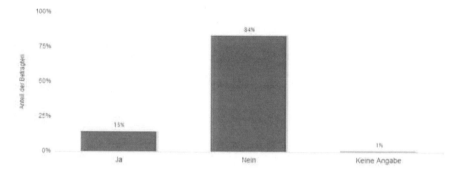

Sind Sie in Ihrem beruflichen Umfeld schon einmal gemobbt worden?

Deutschland; Berufstätige; 529 Befragte; TNS Emnid

statista ◢   Quelle: ktpBKK Essen

---

143 KtpBKK Essen, 2006.

Anlage 2: Anzahl der Erwerbstätigen mit Wohnsitz in Deutschland von Juli 2011 bis Juli 2012[144]

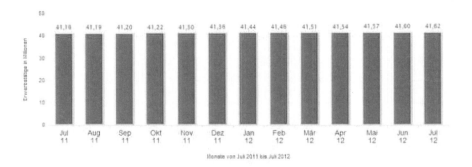

Saisonbereinigte Anzahl der Erwerbstätigen mit Wohnsitz in Deutschland
(Inländerkonzept) von Juli 2011 bis Juli 2012 (in Millionen)

---

144 Statistisches Bundesamt, 2012.

Anlage 3: Erlebte Arten von Mobbing am Arbeitsplatz[145]

Welche Art von Mobbing haben Sie selbst an Ihrem Arbeitsplatz erlebt?

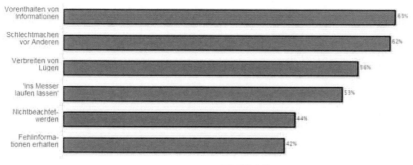

Anteil der Befragten

■ Deutschland; ab 18 Jahre; Erwerbstätige, die schon einmal bei ihrem derzeitigen Arbeitgeber gemobbt wurden; 260 Befragte; IFAK-Institut

---

145 IFAK – Markt- und Sozialforschung GmbH, 2008.

Anlage 4: Mobbinghandlungen nach Leymann[146]

1. Angriffe auf die Möglichkeit, sich mitzuteilen:

- Der Vorgesetzte schränkt die Möglichkeit ein, sich zu äußern.
- Man wird ständig unterbrochen.
- Kollegen schränken die Möglichkeit ein, sich zu äußern
- Anschreien oder lautes Schimpfen.
- Ständige Kritik an der Arbeit.
- Ständige Kritik am Privatleben.
- Telefonterror.
- Mündliche Drohungen.
- Schriftliche Drohungen.
- Kontaktverweigerung durch abwertende Blicke oder Gesten.
- Kontaktverweigerung durch Andeutungen, ohne dass man etwas direkt ausspricht.

2. Angriffe auf die sozialen Beziehungen:

- Man spricht nicht mehr mit dem / der Betroffenen.
- Man lässt sich nicht ansprechen.
- Versetzung in einen Raum weitab von den Kollegen.
- Den Arbeitskollegen / innen wird verboten, den / die Betroffene / n anzusprechen.
- Man wird „wie Luft" behandelt.

3. Angriffe auf das soziale Ansehen:

- Hinter dem Rücken des Betroffenen wird schlecht über ihn gesprochen.
- Man verbreitet Gerüchte.
- Man macht jemanden lächerlich.
- Man verdächtigt jemanden, psychisch krank zu sein.
- Man will jemanden zu einer psychiatrischen Untersuchung zwingen.
- Man macht sich über eine Behinderung lustig.
- Man imitiert den Gang, die Stimme oder Gesten, um jemanden lächerlich zu machen.
- Man greift die politische oder religiöse Einstellung an.
- Man macht sich über die Nationalität lustig.
- Man zwingt jemanden, Arbeiten auszuführen, die das Selbstbewusstsein verletzen.
- Man beurteilt den Arbeitseinsatz in falscher und kränkender Weise.
- Man stellt die Entscheidungen des / der Betroffenen in Frage.
- Man ruft ihm / ihr obszöne Schimpfworte oder andere entwürdigende Ausdrücke nach.
- Sexuelle Annäherungen oder verbale sexuelle Angebote.

---

146 Leymann, Psychoterror am Arbeitsplatz, S. 33-34.

4. Angriffe auf die Qualität der Berufs- oder Lebenssituation:

- Man weist dem Betroffenen keine Arbeitsaufgaben zu.
- Man nimmt ihm jede Beschäftigung am Arbeitsplatz, so dass er sich nicht einmal selbst Aufgaben ausdenken kann.
- Man gibt ihm sinnlose Aufgaben.
- Man gibt ihm Aufgaben weit unter seinem eigentlichen Können.
- Man gibt ihm ständig neue Aufgaben.
- Man gibt ihm „kränkende" Arbeitsaufgaben.
- Man gibt dem Betroffenen Arbeitsaufgaben, die seine Qualifikation übersteigen, um ihn zu diskreditieren.

5. Angriffe auf die Gesundheit:

- Zwang zu gesundheitsschädlichen Arbeiten.
- Androhung körperlicher Gewalt.
- Anwendung leichter Gewalt, zum Beispiel um jemanden einen „Denkzettel" zu verpassen.
- Körperliche Misshandlung.
- Man verursacht Kosten für den / die Betroffene, um ihn / ihr zu schaden.
- Man richtet physischen Schaden im Heim oder am Arbeitsplatz des / der Betroffenen an.
- Sexuelle Handgreiflichkeiten.

Anlage 5: Entwurf des DGB einer Betriebsvereinbarung zum Thema Mobbing:[147]

In dem Willen, das Betriebsklima in unserem Unternehmen zu verbessern, Konflikte produktiv zu nutzen und zu bearbeiten und negative Auswirkungen sozialer Konflikte auf einzelne zu verhindern, schließen Betriebsrat/Personalrat und Geschäftsleitung folgende Vereinbarung:

§ 1 Geltungsbereich

Diese Betriebs-/Dienstvereinbarung gilt für alle Betriebsangehörige des .....Betriebes.

§ 2 Belästigungsverbot

Geschäftsleitung und Betriebsrat/Personalrat sind sich einig darüber, daß in dem Betrieb/ Unternehmen/Dienststelle .... keiner Person wegen ihrer Abstammung,Religion, Nationalität, Herkunft, Alter, Geschlecht, sexueller Orientierung, persönlicher Eigenheiten, politischer oder gewerkschaftlicher Betätigung oder Einstellung Nachteile entstehen dürfen. Geschäftsleitung und Betriebsrat/Personalrat sehen eine wichtige Aufgabe darin, die freie Entfaltung der Persönlichkeit der im Betrieb beschäftigten Arbeitnehmer zu schützen und zu fördern. Deshalb werden alle Betriebsangehörigen aufgefordert, Maßnahmen zu unterlassen, die die Entfaltung der Persönlichkeit einzelner beeinträchtigen können oder als Belästigung und Beleidigung empfunden werden können.

Insbesondere ist darauf zu achten, daß

- niemand in seinen Möglichkeiten, mit seinen Kollegen und Vorgesetzten zu sprechen, eingeschränkt,
- niemand in seinen Möglichkeiten, soziale Beziehungen aufrechtzuerhalten, beschnitten wird,
- niemand in seinem sozialen Ansehen beschädigt wird,
- niemand durch Wort, Gesten oder Handlungen sexuell belästigt wird,
- niemand durch die ihm zugewiesenen Arbeitsaufgaben diskriminiert oder gedemütigt wird,
- niemand physischer Gewalt oder gesundheitsschädigenden Arbeitsbedingungen ausgesetzt wird.

§ 3 Sanktionen

Unabhängig von den im folgenden genannten Vorgehensweisen zur Verhinderung von Belästigungen und Beeinträchtigungen kommen Geschäftsleitung und Betriebsrat/Personalrat überein, daß sie belästigende Handlungen nach § 2 als ernstliche Verletzung des Betriebsfriedens betrachten. Personen, die trotz Ermahnung solche Verhaltensweisen ausüben, müssen mit Versetzung oder Entlassung rechnen.

§ 4 Maßnahmen zur Verbesserung des Betriebsklimas

Zur Verbesserung des Betriebsklimas und zur Verhinderung von Belästigungen werden regelmäßig Vorgesetztenschulungen durchgeführt, und zwar alle drei Jahre. Der Betriebsrat/Personalrat ist an der Konzeption der Schulung und Auswahl der Schulungsträger beteiligt und hat das Recht, an den Schulungen teilzunehmen. In den Schulungen sind dem Thema: "Maßnahmen zur Verbesserung des Betriebsklimas und zur Verhinderung von Mobbing" besonderer Raum zu lassen.

§ 5 Betriebliches Beschwerderecht

Jeder Betriebsangehörige, der sich vom Arbeitgeber oder von Arbeitnehmern des Betriebes benachteiligt oder ungerecht behandelt oder in sonstiger Weise beeinträchtigt fühlt, hat das Recht zur Beschwerde. Nachteile dürfen ihm nicht daraus entstehen.

---

147 Informationen zur Angestelltenpolitik 1997, S. 34 ff.

§ 6 Stufen der Beschwerdebehandlung

Ein Betriebsangehöriger, der eine Beschwerde nach § 5 vorbringt, kann zunächst ein Gespräch mit dem Konfliktgegner unter neutraler Leitung (Moderator) verlangen. Auf seinen Wunsch wird der Betriebsrat/Personalrat hinzugezogen. Der Beschwerdeführer hat das Recht, daß dieses Gespräch innerhalb von zwei Wochen nach seiner Beschwerde stattfindet.

Ergibt sich bei diesem Gespräch keine freiwillige Einigung, so muß innerhalb von weiteren zwei Wochen ein Vermittlungsgespräch stattfinden. Als Vermittler wird der nächsthöhere Vorgesetzte eingesetzt. Auf Wunsch des Beschwerdeführers kann der Personalrat/Betriebsrat hinzugezogen werden. Kommen beide Konfliktgegner in diesem Gespräch nicht zu einer Einigung oder besteht der ursprüngliche Mißstand, der Anlaß zur Beschwerde gab, weiter, so kommt die Angelegenheit innerhalb von weiteren zwei Wochen vor die betriebliche Beschwerdestelle. Sie entscheidet nach Anhörung beider Seiten verbindlich.

§ 7 Zusammensetzung der betrieblichen Beschwerdestelle

Die betriebliche Beschwerdestelle ist eine ständige Einrichtung. Sie setzt sich aus je drei Mitgliedern, die von der Geschäftsleitung und vom Personal-/Betriebsrat benannt werden, zusammen. Den Vorsitz übernimmt eine neutrale Person (eventuell eine externe Person). Sie entscheidet einstimmig. Die betriebliche Beschwerdestelle hat das Recht, Maßnahmen zur Beilegung des Konfliktes zu beschließen. Die Geschäftsleitung und der Personal-/Betriebsrat sind zur Umsetzung der Entscheidung der Beschwerdestelle verpflichtet. Kommt keine Einigung zustande, wird ein externer Vermittler hinzugezogen, dessen Vermittlungsvorschlag angenommen werden muß.

§ 8 Betriebliche Ansprechpartner

Um eine Eskalation von Konflikten zu verhindern, werden betriebliche Ansprechpartner benannt, die von den Beschwerdeführern angerufen werden können, wenn sie sich belästigt oder benachteiligt fühlen. Die Ansprechpartner werden von Geschäftsleitung und Betriebsrat im Einvernehmen benannt, und zwar in folgender Anzahl: Pro 1.000 Mitarbeiter ein Ansprechpartner, mindestens aber zwei pro Dienststelle/Betrieb/Unternehmensteil.

Diese Ansprechpartner werden gesondert geschult und haben folgende Rechte:

- Gespräche zwischen zwei Konfliktgegnern einzuberufen und zu leiten, sofern noch keine Beschwerde nach § 6 geführt wurde,
- im Auftrag eines Beschwerdeführers Verhandlungen mit Vorgesetzten und Personalabteilung zu führen, um einen Mißstand zu beseitigen oder eine einvernehmliche Lösung zu finden,
- in der betrieblichen Beschwerdestelle als Sachverständiger aufzutreten und Lösungen vorzuschlagen,
- gegen Entscheidungen der betrieblichen Beschwerdestelle ein Veto einzulegen, wenn sie den begründeten Verdacht haben, daß es sich um einen Fall von Mobbing handelt.

Wenn der betriebliche Ansprechpartner ein Veto gegen die Entscheidung der betrieblichen Beschwerdestelle einlegt, muß diese einen externen Experten zum Thema Mobbing hören und dessen Vermittlungsvorschlag annehmen.

§ 9 Inkrafttreten, Kündigung

Diese Vereinbarung tritt am .... in Kraft.
Die Vereinbarung gilt auf unbestimmte Zeit, sie kann mit einer halbjährlichen Frist zum jeweiligen Jahresende gekündigt werden. Widerspricht die andere Seite der Kündigung, so gilt die Vereinbarung fort, bis sie durch eine andere Abmachung ersetzt wird.

Literaturverzeichnis

Benecke, Martina: Mobbing, Arbeits- und Haftungsrecht, München 2005

Benecke, Martina: Besprechungsaufsätze - Mobbing: Persönlichkeitsschutz und Haftung des Arbeitgebers, in: Recht der Arbeit 2008, Heft 6, S. 357-363

Bieszk, Dorothea / Sadtler, Susanne: Mobbing und Stalking: Phänomene der modernen (Arbeits-) welt und ihre Gegenüberstellung, in: NJW 2007, Heft 47, S. 3382-3387

Diederichsen, Uwe et al. (Hrsg.): Palandt Bürgerliches Gesetzbuch, 71. Auflage, München 2012 (zitiert: Palandt/Bearbeiter)

Hromadka, Wolfgang / Maschmann, Frank: Arbeitsrecht Band 1, Individualarbeitsrecht, 5. Auflage, Berlin 2011

Jansen, Frank / Hartmann, Sebastian: Straining und Mobbbing im Lichte des Persönlichkeitsschutzes, in: NJW 2012, Heft 22, S. 1540-1545

Kollmer, Norbert: Mobbing im Arbeitsverhältnis, Was Arbeitgeber dagegen tun können - und sollten, 4. Auflage, Heidelberg 2007

IFAK - Markt- und Sozialforschung GmbH (2008): Umfrage zu "Welche Art von Mobbing haben Sie selbst an Ihrem Arbeitsplatz erlebt?", zitiert nach de.statista.com, URL http://de.statista.com/statistik/daten/studie/1834/umfrage/persoenlich-erlebtes-mobbing/, Abruf am 27.07.2012, 19.50 Uhr

ktpBKK Essen (2006): Umfrage zu "Sind Sie in Ihrem beruflichen Umfeld schon einmal gemobbt worden?", zitiert nach de.statista.com, URL http://de.statista.com/statistik/daten/studie/28998/umfrage/eigene-erfahrung-mobbing-am-arbeitsplatz/, Abruf am 27.07.2012, 16.57 Uhr

Köhler, Karl-Friedrich: Gewalt und Mobbing am Arbeitsplatz, in: Zeitschrift für Sozialhilfe und Sozialgesetzbuch 2012, Heft 3, S. 138-146

Leymann, Heinz: Einführung: Mobbing, in: Leymann, Heinz (Hrsg.): Der neue Mobbingbericht, Erfahrungen und Initiativen, Auswege und Hilfsangebote, Reinbek 1995, S. 13-26 (zitiert: Leymann, Einführung: Mobbing)

Leymann, Heinz: Mobbing, Psychoterror am Arbeitsplatz und wie man sich dagegen wehren kann, 14. Auflage, Reinbek 2009 (zitiert: Leymann, Psychoterror am Arbeitsplatz)

Müller-Glöge, Rudi et al (Hrsg.): Erfurter Kommentar zum Arbeitsrecht, 12. Auflage, München 2012
(zitiert.: ErfK/Bearbeiter)

o.V.: Mobbing und Konflikte am Arbeitsplatz, in: Informationen zur Angestelltenpolitik 1997, Heft 3, S. 34 ff.
(zitiert: Informationen zur Angestelltenpolitik 1997)

Richardi, Reinhard et al. (Hrsg.): Münchener Handbuch zum Arbeitsrecht, Band 1, 3. Auflage, München 2009
(zitiert: MueHdbArbR/Bearbeiter)

Röller, Jürgen (Hrsg.)/ Küttner, Wolfdieter: Personalbuch 2012, Arbeitsrecht, Lohnsteuerrecht, Sozialversicherungsrecht, 19. Auflage, München 2012
(zitiert: Bearbeiter, in: Personalbuch 2012)

Säcker, Franz Jürgen/ Rixecker, Roland (Hrsg.): Münchener Kommentar zum Bürgerlichen Gesetzbuch, Band 2a, 4. Auflage, München 2003
(zitiert: MünchKomm/Bearbeiter Bd. 2a)

Säcker, Franz Jürgen/ Rixecker, Roland (Hrsg.): Münchener Kommentar zum Bürgerlichen Gesetzbuch, Band 5, 4. Auflage, München 2004
(zitiert: MünchKomm/Bearbeiter Bd. 5)

Säcker, Franz Jürgen/ Rixecker, Roland (Hrsg.): Münchener Kommentar zum Bürgerlichen Gesetzbuch, Band 4, 4. Auflage, München 2005
(zitiert: MünchKomm/Bearbeiter, Bd. 4)

Schaub, Günter: Arbeitsrecht-Handbuch, Systematische Darstellung und Nachschlagewerk für die Praxis, 14. Auflage, München 2011
(zitiert: Schaub, Arbeitsrecht-Handbuch/Bearbeiter)

Schmitt, Jochem: SGB VII, Gesetzliche Unfallversicherung, 4. Auflage, Kommentar, München 2009
(zitiert: SGB VII/Schmitt § 8 Rn. 140)

Statistisches Bundesamt (2012): Saisonbereinigte Anzahl der Erwerbstätigen mit Wohnort in Deutschland, zitiert nach de.statista.com, URL http://de.statista.com/statistik/daten/studie/1376/umfrage/anzahl-der-erwerbstaetigen-mit-wohnort-in-deutschland/, Abruf am 27.07.2012, 17.30 Uhr

Waterkortte, Winfried: Mobbing im Arbeits- und Beamtenrecht, Kompaktwissen für die Praxis, Troisdorf 2010

Wolmerath, Martin: Mobbing, Rechtshandbuch für die Praxis, 3. Auflage, Baden-Baden 2007

Wolmerath, Martin: Mobbing im Betrieb, Rechtsansprüche und deren Durchsetzbarkeit, 2. Auflage, Baden-Baden 2004

Wolmerath, Martin / Esser, Axel: Werkbuch Mobbing, Offensive Methoden gegen psychische Gewalt am Arbeitsplatz, Frankfurt am Main 2012